Lukas Jansen

Lernwerkstatt Rund um Fußball

Die Autor Lukas Jansen ist erfahrener Autor von Grundschulmaterialien.

Gedruckt auf umweltbewusst gefertigtem, chlorfrei gebleichtem und alterungsbeständigem Papier.

2. Auflage 2016
© 2014 Persen Verlag, Hamburg
AAP Lehrerfachverlage GmbH
Alle Rechte vorbehalten.

Das Werk als Ganzes sowie in seinen Teilen unterliegt dem deutschen Urheberrecht. Der Erwerber des Werkes ist berechtigt, das Werk als Ganzes oder in seinen Teilen für den eigenen Gebrauch und den Einsatz im Unterricht zu nutzen. Die Nutzung ist nur für den genannten Zweck gestattet, nicht jedoch für einen weiteren kommerziellen Gebrauch, für die Weiterleitung an Dritte oder für die Veröffentlichung im Internet oder in Intranets. Eine über den genannten Zweck hinausgehende Nutzung bedarf in jedem Fall der vorherigen schriftlichen Zustimmung des Verlages.

Sind Internetadressen in diesem Werk angegeben, wurden diese vom Verlag sorgfältig geprüft. Da wir auf die externen Seiten weder inhaltliche noch gestalterische Einflussmöglichkeiten haben, können wir nicht garantieren, dass die Inhalte zu einem späteren Zeitpunkt noch dieselben sind wie zum Zeitpunkt der Drucklegung. Der Persen Verlag übernimmt deshalb keine Gewähr für die Aktualität und den Inhalt dieser Internetseiten oder solcher, die mit ihnen verlinkt sind, und schließt jegliche Haftung aus.

Grafik: Grafik: Claudia Bauer (sowie Barbara Gerth, Seite 15: Wimmelbild, Seite 52: Stadion; Alexandra Hanneforth, Seite 60: Spieler; Julia Flasche, Seite 17: Spielende Kinder, Seite 76: Umriss T-Shirt, Seite 79: kurze Hose, Computer; Anke Fröhlich, Seite 11: Mädchen am Computer, Seite 46: Lupe; Bertold Kroitzsch, Seite 70: Europakarte; Marion El-Khalafwi, Seite 72: singende Fans; Renata Golaszewska, Seite 89–91: Fußball-Spiele)
Europakarte, Seite 70: ©Persen Verlag, Hamburg; Weltkarte, Seite 70: © d-maps.com
Satz: Satzpunkt Ursula Ewert GmbH, Bayreuth

ISBN 978-3-403-20011-6

www.persen.de

Inhalt

Vorwort 5

**Hinweise zum Umgang
mit den Materialien** 6

**Empfehlung zum Einsatz hinsichtlich
der Klassenstufen** 8

Fußball-Lexikon 11

Wahrnehmung/Konzentration

Fußball-Mandala 14
Fußball-Wimmelbild 15
Ein Tag im Stadion mit Familie Heitmann 16

Spiele

Ein Fußball-Quartett 17
⚽ Fußball-Memo 20
⚽⚽ Fußball-Memo 22
⚽ Fußball-Domino 24
⚽⚽ Fußball-Domino 25
Fußball-Aktivitäts-Spiel 26
Los geht's, schieß ein Tor! 28

Deutsch

Fußball-ABC 33
Mein Lieblingsspieler/
Meine Lieblingsspielerin 34
Wer macht was auf dem Spielfeld –
Spielerpositionen 35
⚽ Ein spannendes Spiel 38
⚽⚽ Ein spannendes Spiel 39
Teste dein Fußballwissen 40

Fußball-Elfchen 41
Fußball-Suchsel 42
Fußball-Reime 43
Steckbrief – Dein Lieblingsverein 44
E-Mail an meinen Lieblingsspieler 45
Fußball-Weltmeisterschafts-Partner-Diktat ... 46
⚽ Fußball-Logical 47
⚽⚽ Fußball-Logical 48
Fußballer-Weisheiten 49
Fußball-Legenden 50
Das Stadion 51

Mathematik

⚽ Der Stadionbesuch 53
⚽⚽ Der Stadionbesuch 54
Geometrische Formen erkennen 55
Der Fußball ist eine Kugel 56
Elfmeterstatistik 57
Fußball-Ergebnisse vergleichen 58
Zuschauerzahlen vergleichen 59
Spielertransfers 60
Fußballrekorde 61
Rechnen und ausmalen 62
Der lange Weg zum Tor 63
Fußball-Europameister 64
„Der Ball ist rund und das Spiel
dauert 90 Minuten!" 65

Sachunterricht

Bundesliga-Trivia 66
Woher kommen die Vereine? 67
Wo fand die WM statt? 69
Wo findet die WM statt? 71

 **Musik**

Eigenen Fangesang schreiben 72
Die Nationalhymne von Deutschland 73

Kunst

Das ist mein Fußball! 74
Eine eigene Eintrittskarte gestalten 75
Mein Fußballshirt 76
Fußball – Medaillen und Pokal 77
Mit dem Computer malen 79
Die Fußball-Collage 80
Meine Traum-Mannschaft 81
Fußball-Pokal 82
Fußballer-Stabpuppe 83

Englisch

Football domino 85
Football words 86
Football logical 87
Find the right picture 88

 **Sport**

Fußball-Jäger 89
Fußball-Kreis 89
Würfel-Ball 90
Fußball-Kegeln 90
Ballbeweger 91
Hand- und Fuß-Ball 91
Fußballregeln 92

Lösungen 94

Text- und Bildquellenverzeichnis 100

⚽ = einfaches Niveau
⚽ ⚽ = komplexes Niveau

Vorwort

Das Thema Fußball ist eine gute Möglichkeit, viele Lerninhalte für die Kinder motivierend zu vermitteln. Gerade in den Jahren, in denen Welt- oder Europameisterschaften im Fußball stattfinden, ist Fußball auch auf dem Schulhof das Thema Nr. 1!

Viele Kinder haben einen Lieblingsverein, einen Lieblingsspieler oder waren sogar selbst schon einmal in einem Fußballstadion. Somit ist in der Klasse ein großes Interesse an dieser Thematik fast schon selbstverständlich – zumal sowohl Jungen als auch Mädchen gleichermaßen für diesen Sport zu begeistern sind.

Die fächerübergreifende **Lernwerkstatt Rund um Fußball** bietet viele verschiedene Möglichkeiten, fachliche Inhalte mit fußballerischer Motivation zu kombinieren. Dabei werden die inhaltlichen Anforderungen aus den Lehrplänen der verschiedenen Fächer aufgegriffen, um eine fundierte Auswahl an Aufgaben anzubieten. Neben Angeboten etwa zu den Fächern Deutsch, Mathematik und Sachunterricht gibt es Aufgabenformate zur Wahrnehmung oder auch kleinere Gruppenspiele zur Konzentration.

Die Aufgaben sind so angelegt, dass die Kinder diese allein oder in Partnerarbeit bearbeiten können. Einige der Arbeitsblätter sind mit einem ⚽ / ⚽ ⚽ gekennzeichnet: Hier sind die Inhalte in verschiedenen Schwierigkeitsstufen vorhanden.

Einen Schwerpunkt bilden die beiden Fächer **Deutsch** (z. B. Fußball-Reime, Steckbrief meines Fußballvereins und E-Mail an meinen Lieblingsspieler) und **Mathematik** (z. B. Fußball-Ergebnisse vergleichen, Elfmeterstatistik und Spielertransfers). In **Sachunterricht** finden die Schüler mithilfe von Kartenarbeit heraus, wo in Deutschland die Bundesligavereine herkommen, und widmen sich geografischen Aspekten ehemaliger und zukünftiger WM-Gastgeberländer.

Kreativ tätig werden Ihre Schülerinnen und Schüler bei der Gestaltung ihrer eigenen Eintrittskarte, des Fußballpokals in Partnerarbeit oder beim Basteln eines eigenen Fußball-Lexikons. Zur **Förderung von Wahrnehmung und Konzentration** eignen sich z. B. das Fußball-Quartett oder das Fußball-Memo.

Und selbstverständlich soll gerade in dieser Werkstatt das Fach **Sport** nicht zu kurz kommen. Neben Infotext und Quiz zu den Fußballregeln, finden Sie eine Auswahl leicht durchzuführender Bewegungsspiele zum Thema Fußball.

Viel Spaß beim Einsatz der Lernwerkstatt rund um Fußball wünscht Ihnen Lukas Jansen.

Hinweise zum Umgang mit den Materialien

Es bietet sich an, die Kinder die verschiedenen Angebote in Form einer Lernwerkstatt Fußball erarbeiten zu lassen, um auch die Selbstständigkeit zu fördern. Dies kann z. B. als Projektunterricht oder bei der Wochenplan- bzw. Freiarbeit geschehen. Für Unterrichtsformen wie z. B. Lernen an Stationen oder Lerntheke kopieren Sie die einzelnen Angebote und legen sie im Klassenraum aus. Außerdem kann so fächerübergreifend und individuell gearbeitet werden. Während der Arbeit an der Lernwerkstatt ist es empfehlenswert, einen Tisch mit Sachbüchern zum Thema Fußball sowie Fußballzeitschriften in der Klasse einzurichten.
So können die Kinder diese Bücher und z. B. für die Anfertigung von Steckbriefen nutzen.

Die bearbeiteten Materialien können in einer Fußballmappe gesammelt werden. Das Titelblatt für diese Mappe können die Kinder selbst gestalten. Ein besonderes Material stellt in diesem Zusammenhang das **Fußball-Lexikon** (Seite 11ff.) dar. Es sollte zum Einstieg in die Bearbeitung der Werkstatt verwendet werden und anschließend die Kinder während der gesamten Projektphase begleiten. Die Schülerinnen und Schüler sammeln nach und nach Fußballbegriffe von A–Z, recherchieren dazu Informationen, zeichnen und basteln, sodass daraus eine schön gestaltete Fußballmappe entsteht. Weil es eine zentrale Funktion innerhalb der Werkstatt darstellt, finden Sie dieses Material gleich zu Beginn des Materialteils.

Für Aufgabe 3 des Materials **Geometrische Formen erkennen** (Seite 55) sollte die mathematische Definition der Strecke als gradlinige Verbindung zwischen zwei Punkten eingeführt worden sein.

Mithilfe der **Lösungen im Anhang** können Sie auch Lösungsblätter erstellen, sodass die Kinder ihre Ergebnisse selbst kontrollieren können.

Zum Einsatz von Internetsuchmaschinen:
Viele Grundschulen haben ihre Computer aus Sicherheitsgründen für die Nutzung der Suchmaschine *google* gesperrt. Die Kindersuchmaschine *fragfinn.de* ist für Kinder im Grundschulalter zu empfehlen.

Spielanleitungen oder benötigte Materialien

Fußball-Lexikon (Seite 11) – Benötigt werden ein PC mit Internetzugang sowie Fußballbücher für Kinder.

Fußball-Memo (Seite 20) – Schneiden Sie die Karten vor Einsatz im Unterricht aus. Dieses Spiel kann wie ein klassisches Memory gespielt werden. Die Lernstärkeren ⚽ ⚽ bearbeiten die doppelte Menge an Memo-Karten.

Fußball-Domino (Seite 24) – Schneiden Sie die Karten vor Einsatz im Unterricht aus. Eine Dominokarte wird in die Mitte gelegt, die restlichen Karten werden gleichmäßig an alle 2–3 Spieler verteilt. Im Uhrzeigersinn versucht jeder Spieler möglichst viele seiner Karten nach und nach abzulegen. Gewonnen hat, wer zuerst alle Karten abgelegt hat. Eine Kopie der Seite kann als Selbstkontrolle dienen. Beim komplexen Niveau ⚽⚽ wird nach den gleichen Grundregeln gespielt, jedoch müssen hier die Spieler passende Satzteile richtig zuordnen.

Fußball-Aktivitäts-Spiel (Seite 26) – Benötigt werden Schere, Würfel, Sanduhr, Stifte und leere Schmierblätter.

Los geht's, schieß ein Tor! (Seite 28) – Benötigt werden Würfel und Spielfiguren.

Fußball-ABC (Seite 33) – Benötigt wird ein Wörterbuch.

Meine Lieblingsspielerin/Mein Lieblingsspieler (Seite 33), **Steckbrief – Dein Lieblingsverein** (Seite 34), **Fußball-Legenden**, **Fußballer-Weisheiten** (Seite 49) – Für diese Materialien wird ein PC mit Internetzugang benötigt.

Woher kommen die Vereine? (Seite 67), **Wo fand die WM statt?** (Seite 69) – Für diese Materialien ist ein Atlas erforderlich.

Wo findet die WM statt? (Seite 71) – Benötigt werden ein PC mit Internetzugang und ein Atlas.

Eine eigene Eintrittskarte gestalten (Seite 75) – Benötigt werden Stifte, Malkasten oder Wachsmalstifte.

Mein Fußballshirt (Seite 76) – Hier werden Buntstifte, Filzstifte oder Wachsmalstifte benötigt. Um eigene T-Shirts zu Färben, benötigen Sie eine Waschmaschine, ein weißes T-Shirt sowie Textilfarbe und Stoffmalstifte in den von den Schülern gewählten Farben. Beschränken Sie sich aber auf ein paar Grundfarben.

Fußball – Medaillen und Pokal (Seite 77) – **Medaillen:** Hier sind Papier, Schere, Klebstoff, Locher, fester Karton und buntes Band erforderlich. **Pokal:** Es werden 2 Pappbecher, Tapetenkleister, Zeitungspapier, Gold- oder Silberfolie, Schere und Silberband benötigt.

Mit dem Computer malen (Seite 79) – Benötigt wird ein PC mit Windows-Betriebssystem.

Die Fußball-Collage (Seite 80) – Hier sind Stifte, Malkasten oder Wachsmalstifte, viele Fußballzeitungen, ein Bogen Tonpapier und Klebestifte erforderlich.

Fußballer-Stabpuppe (Seite 83) – Sie benötigen einen (weichen) Bleistift, Pergamentpapier (Butterbrotpapier), weißen Tonkarton, einen schwarzen Filzstift, eine Schere, einen Holzstab, Klebestreifen und Klebestift.

Die benötigten Materialien zum Fach **Sport** finden Sie bei den jeweiligen Spielbeschreibungen.

Einsatzmöglichkeiten nach Klassenstufen

	Inhalt	Seite	2. Klasse	3. Klasse	4. Klasse	Lösung
	Fußball-Lexikon	11	x	x	x	
Wahrnehmung/ Konzentration	**Fußball-Mandala** Zeichnungen ausmalen	14	x			
	Fußball-Wimmelbild Wahrnehmungsübung	15	x			94
	Ein Tag im Stadion mit Familie Heitmann Konzentrationsspiel	16	x	x	x	
Spiele	**Ein Fußball-Quartett** Kartenspiel	17	x	x	x	
	Fußball-Memo ⚽/⚽⚽ Konzentrations- und Gedächtnisspiel	20	x			
	Fußball-Domino ⚽/⚽⚽ ⚽ Wort-Bildkarten ⚽⚽ Karten mit Satzteilen	22	x	x	x	
	Fußball-Aktivitäts-Spiel Begriffe pantomimisch, zeichnerisch und sprachlich erklären	26	x	x	x	
	Los geht's, schieß ein Tor! Brettspiel mit Ereigniskarten	28	x	x	x	
Deutsch	**Fußball-ABC** Wortschatz, Wörterbucharbeit	33	x	x	x	94
	Mein Lieblingsspieler/ Meine Lieblingsspielerin Steckbrief schreiben	34		x	x	
	Wer macht was auf dem Spielfeld – Spielerpositionen Textverstehen	35		x	x	94
	Ein spannendes Spiel ⚽/⚽⚽ Leseverstehen	38		x	x	94
	Teste dein Fußballwissen Wortschatz	40	x	x	x	94
	Fußball-Elfchen Gedicht schreiben	41	x	x	x	
	Fußball-Suchsel Wortschatz, Abschreiben	42	x	x		94
	Fußball-Reime Reimwörter, Gedicht	43	x	x	x	95
	Steckbrief – Dein Lieblingsverein Recherche, Steckbrief schreiben	44	x	x	x	
	E-Mail an meinen Lieblingsspieler Fehler korrigieren	45		x	x	95
	Fußball-Weltmeisterschafts-Partner-Diktat Partnerdiktat	46		x	x	
	Fußball-Logical ⚽/⚽⚽ Leseverstehen	47	x	x	x	
	Fußballer-Weisheiten Textverständnis	49		x	x	95

	Inhalt	Seite	2. Klasse	3. Klasse	4. Klasse	Lösung
Deutsch	**Fußball-Legenden** Recherche, Plakat erstellen	50	x	x	x	
	Das Stadion Leseverstehen	51		x	x	95
Mathematik	**Der Stadionbesuch** ⚽/⚽⚽ Sachaufgaben, Addition	53	x	x	x	95/96
	Geometrische Formen erkennen Geometrie	55		x	x	96
	Der Fußball ist eine Kugel Körper und deren Eigenschaften erkennen	56		x	x	96
	Elfmeterstatistik Tabelle auswerten	57		x	x	96
	Fußball-Ergebnisse vergleichen Zahlen vergleichen	58	x			96
	Zuschauerzahlen vergleichen Zahlen vergleichen	59		x	x	97
	Spielertransfers Textaufgaben Grundrechenarten	60			x	97
	Fußballrekorde Zahlen nach Größe ordnen	61		x	x	97
	Rechnen und ausmalen Grundrechenarten	62	x			97
	Der lange Weg zum Tor Grundrechenarten	63		x	x	97
	Fußball-Europameister Diagramm auswerten	64		x	x	97
	„Der Ball ist rund und das Spiel dauert 90 Minuten!" Uhrzeiten und Zeiteinheiten üben	65	x	x		97/98
Sachunterricht	**Bundesliga-Trivia** Rätselfragen Fußballvereine	66	x	x	x	98
	Woher kommen die Vereine? Kartenarbeit	67		x	x	98
	Wo fand die WM statt? Recherche, Kartenarbeit	69		x	x	98/99
	Wo findet die WM statt? Recherche, Kartenarbeit	71		x	x	
Musik	**Eigenen Fangesang schreiben** Liedtext formulieren	72	x	x	x	
	Die Nationalhymne von Deutschland Sachtext und Noten	73		x	x	99
Kunst	**Das ist mein Fußball!** Stiftzeichnungen	74	x	x	x	
	Eine eigene Eintrittskarte gestalten Arbeit mit Papier und Karton	75	x	x	x	
	Mein Fußballshirt Verschiedene Maltechniken, Textil-Arbeit	76	x	x	x	
	Fußball – Medaillen und Pokal Pokal und Medaillen basteln	77	x	x	x	
	Mit dem Computer malen Zeichnen mit PC	79	x	x	x	

	Inhalt	Seite	2. Klasse	3. Klasse	4. Klasse	Lösung
Kunst	**Die Fußball-Collage** Schneiden, Kleben, Collagetechnik	80	x	x	x	
	Meine Traum-Mannschaft Zeichnen, Schreiben	81	x	x	x	
	Fußball-Pokal Pokal zeichnen	82	x	x	x	
	Fußballer-Stabpuppe Stabpuppe basteln	83	x	x	x	
Englisch	**Football domino** Wort-Bildkarten	85	*			
	Football words Wortschatz	86	*			99
	Football logical Leseverstehen	87		**	**	
	Find the right picture Wort-Bild-Zuordnung	88	*			99
Sport	**Fußball-Jäger** Bewegungsspiel	89	x	x	x	
	Fußball-Kreis Bewegungsspiel	89	x	x	x	
	Würfel-Ball Bewegungsspiel	90	x	x	x	
	Fußball-Kegeln Bewegungsspiel	90	x	x	x	
	Ballbeweger Bewegungsspiel	91	x	x	x	
	Hand- und Fuß-Ball Bewegungsspiel	91	x	x	x	
	Fußballregeln Infotext und Quiz	92		x	x	100

* = geeignet für Englisch ab dem 1. Lernjahr
** = geeignet für Englisch ab dem 2. Lernjahr

Fußball-Lexikon

Welche Wörter sind im Fußball ganz wichtig? Mit diesen Vorlagen könnt ihr ein Fußball-Lexikon erstellen – und die Ergebnisse zu einer Fußballfibel zusammenfügen. Die Fibel könnt ihr mit selbstgemalten Bildern schmücken.

Was bedeuten die Begriffe?
Finde es mithilfe des Internets und Fußballbüchern heraus.
Schreibe die Bedeutung hinter das Wort.

> *TIPP*
>
> Recherchiere im Internet unter dem Suchbegriff *Fußball-ABC*.

A
Abseits
Abstoß
Abwehrspieler
Angriff
Anstoß
Aufsetzer
auswechseln
B
Ball
Ballannahme
Ballverlust
C
Coach
D
Deckung
Doppelpass
E
Ecke
Eigentor
Einwurf
Elfmeter
Ersatzbank

Lukas Jansen: Lernwerkstatt Rund um den Fußball
© Persen Verlag

F	
Fallrückzieher	
Flanke	
Flügel	
Foul	
Freistoß	
G	
Gegentor	
gelbe Karte	
gelb-rote Karte	
Grätsche	
H	
Halbzeit	
Handspiel	
Heber	
I	
Innenpfosten	
K	
Kapitän	
Konter	
Kopfball	
L	
Latte	
Lupfer	
M	
Mauer	
Mittelfeld	
N	
Nachschuss	
Nachspielzeit	
Notbremse	
P	
Pass	
Pfosten	
Platzverweis	
Q	
Querpass	
Querschläger	

R
Rechtsverteidiger
Reservebank
rote Karte
Rückennummer
Rückpass
S
Schiedsrichter
Schwalbe
Seitenaus
Stollen
Strafraum
Strafstoß
Stürmer
T
Tor
Torjäger
Torschuss
Torwart
Trainer
Treffer
U
Unentschieden
V
Verein
Verwarnung
Volley
W
Werfen
Wettkampf
Winkel
Z
Zeitspiel
Zeugwart
Zufall
Zuspiel
Zweikampf

Fußball-Mandala

Male an.

Extra: Zeichne dein eigenes Fußball-Mandala.

Verwende für den Kreis einen Zirkel.

Erstelle dir Schablonen für die Fußball-Gegenstände.

Fußball-Wimmelbild

Das Spiel 1. FC Glückstadt gegen TuS Pechstein ist bereits abgepfiffen.
Leider nicht mit dem Wunschergebnis der Heimmannschaft.
Nun herrscht ein wenig Unruhe auf dem Spielfeld.

Betrachte das Bild und beantworte die folgenden Fragen:

① Sind noch alle Spieler der Heimmannschaft auf dem Platz?
   Du erkennst sie an den dunklen Trikots.

   _____

② Wie viele Bälle befinden sich auf dem Spielfeld?

   _____

③ Sind noch alle Tore vorhanden?

   _____

④ Was macht der Schiedsrichter?

   _____

Extra: Denke dir selbst eine Frage aus und stelle sie deinem Tischnachbarn.

Ein Tag im Stadion mit Familie Heitmann

Bevor Sie die Geschichte vorlesen, erklären Sie das Konzentrationsspiel. In der Geschichte „Ein Tag im Stadion mit Familie Heitmann" kommen verschiedene Personen und Spieler vor. Die Klasse wird in Gruppen eingeteilt und die Kinder müssen jeweils aufstehen, wenn ihre Rolle genannt wird. Die Rollen können auch auf Karteikarten notiert und als Tischkarten oder für eine Gruppeneinteilung per Losverfahren verwendet werden.
Familie Heitmann besteht aus den Kindern Julia und Paula und den Eltern, Frau Heitmann (Mutter) und Herr Heitmann (Vater). Wird Familie Heitmann genannt, müssen alle Familienmitglieder aufstehen.
Außerdem kommen folgende Personen vor: Schiedsrichter Reinking, Torwart Kaan, Stürmer Anlauff, Verteidiger Heumann, Mittelfeldspieler von der Heide. Diese können ggf. mit Gesten versehen werden, z. B. pfeift der Schiedsrichter, der Torwart fängt einen imaginären Ball, der Verteidiger springt zur Kopfballabwehr hoch, der Mittelfeldspieler läuft auf der Stelle.
Wird das Wort „Stadion" genannt, stehen alle Schüler auf.

Am Samstagnachmittag fährt **Familie Heitmann** zum Fußballspiel. Sie nehmen die Bahn, um zum **Stadion** zu kommen. **Paula** ist sehr aufgeregt. Es ist ihr erster Besuch im **Stadion**. **Julia** war bereits einmal bei einem Spiel im **Stadion** mit dabei. Paula hat schon viel von ihrer **Mutter**, ihrem **Vater** und **Julia** gehört. Bevor das Spiel losgeht, kaufen sich die beiden eine Bratwurst, **Frau Heitmann** und **Herr Heitmann** kaufen sich eine Cola. Die Schlange am Verpflegungsstand war lang. Als **Familie Heitmann** in das **Stadion** kommt, hat das Spiel schon begonnen. **Mittelfeldspieler von der Heide** steht kurz vor dem Strafraum und passt den Ball auf den **Stürmer Anlauff**, der den Ball Richtung Tor köpft. **Torwart Kaan** kann den Ball gerade noch halten. Er ruft **Verteidiger Heumann** zu, dass er näher bei seinem Gegenspieler stehen soll. Zwei Minuten später gibt es wieder eine Flanke von **von der Heide**. Diesmal schießt **Anlauff** und trifft. **Kaan** muss hinter sich greifen. „1 zu 0!", ruft **Julia**. Auch **Paula** freut sich. **Schiedsrichter Reinking** pfeift kurz danach den Anstoß an. In den nächsten 40 Minuten fällt kein weiteres Tor und **Familie Heitmann** geht glücklich in die Halbzeitpause. „Nun haben wir uns aber Popcorn verdient", sagt **Herr Heitmann**. **Mutter Heitmann** geht schnell auf die Toilette, denn die Halbzeitpause dauert ja nur 15 Minuten.
Pünktlich zum Beginn der zweiten Halbzeit sitzt **Familie Heitmann** wieder auf ihren Plätzen. In der sechzigsten Minute macht **Heumann** einen Fehlpass. **Anlauff** bekommt den Ball und flankt ihn nach vorne. Dort ist bereits **von der Heide** hingelaufen, der den Ball sicher annimmt und zu **Torwart Kaan** schaut. **Von der Heide** schießt aufs Tor, **Kaan** kann den Ball noch gerade nach vorn ablenken. Dort steht aber schon **Anlauff** und schießt auf das Tor. **Torwart Kaan** springt hinterher. Doch er erreicht den Ball nicht mehr. „2 zu 0!", ruft nun **Paula**. **Familie Heitmann** freut sich. Vater Heitmann sagt: „Paula, du bist ja ein Glücksbringer!" „Wieso?", fragt **Paula**. Der **Vater** antwortet: „Die letzten 5 Heimspiele hat unsere Mannschaft nie gewonnen. Doch jetzt sieht es geht gut aus." **Der Vater** behält recht. Das Spiel geht 2 zu 0 aus. **Familie Heitmann** geht glücklich aus dem **Stadion** nach Hause. „In zwei Wochen gehen wir wieder alle zum Spiel", sagt **Mutter Heitmann**.

Ein Fußball-Quartett

Für 3–6 Spieler

Ziel: Sammle so viele Quartette wie möglich.

Spielanleitung

1. Schneidet die Spielkarten aus.

2. Nachdem alle Karten gemischt und gleichmäßig verteilt wurden, kann der erste Spieler von einem Mitspieler eine ihm fehlende Quartettkarte erfragen.

3. Hat der Angesprochene die Karte, muss er sie dem Fragenden geben. Der Spieler fragt solange, bis ein Gegenspieler eine geforderte Quartett-Karte nicht besitzt. Dann ist dieser Gegenspieler an der Reihe.

4. Hat ein Spieler ein Quartett zusammen, legt er die vier Karten auf den Tisch.

Spielkarten Fußball-Quartett

Nationalmannschaftskapitäne **Kap1**	Nationalmannschaftskapitäne **Kap2**	Nationalmannschaftskapitäne **Kap3**	Nationalmannschaftskapitäne **Kap4**
Lothar Matthäus  Oliver Kahn / Philipp Lahm / Michael Ballack	**Oliver Kahn**  Philipp Lahm / Michael Ballack / Lothar Matthäus	**Philipp Lahm**  Michael Ballack / Lothar Matthäus / Oliver Kahn	**Michael Ballack**  Lothar Matthäus / Oliver Kahn / Philipp Lahm
Nationaltorhüter **Tor1**	Nationaltorhüter **Tor2**	Nationaltorhüter **Tor3**	Nationaltorhüter **Tor4**
Sepp Maier  Manuel Neuer / Bodo Illgner / Toni Schumacher	**Manuel Neuer**  Bodo Illgner / Toni Schumacher / Sepp Maier	**Bodo Illgner** Toni Schumacher / Sepp Maier / Manuel Neuer	**Toni Schumacher**  Sepp Maier / Manuel Neuer / Bodo Illgner
Nationaltrainer **Tr1**	Nationaltrainer **Tr2**	Nationaltrainer **Tr3**	Nationaltrainer **Tr4**
Berti Vogts  Franz Beckenbauer / Joachim Löw / Jürgen Klinsmann	**Franz Beckenbauer**  Joachim Löw / Jürgen Klinsmann / Berti Vogts	**Joachim Löw**  Jürgen Klinsmann / Berti Vogts / Franz Beckenbauer	**Jürgen Klinsmann**  Berti Vogts / Franz Beckenbauer / Joachim Löw
Schiedsrichter **Sch1**	Schiedsrichter **Sch2**	Schiedsrichter **Sch3**	Schiedsrichter **Sch4**
Helmut Krug  Herbert Fandel / Dr. Felix Brych / Wolfgang Stark	**Herbert Fandel**  Dr. Felix Brych / Wolfgang Stark / Helmut Krug	**Dr. Felix Brych**  Wolfgang Stark / Helmut Krug / Herbert Fandel	**Wolfgang Stark**  Helmut Krug / Herbert Fandel / Dr. Felix Brych

Lukas Jansen: Lernwerkstatt Rund um den Fußball
© Persen Verlag

Torjäger TJ1	Torjäger TJ2	Torjäger TJ3	Torjäger TJ4
Gerd Müller  Miroslav Klose Joachim Streich Rudi Völler	**Miroslav Klose**  Joachim Streich Rudi Völler Gerd Müller	**Joachim Streich**  Rudi Völler Gerd Müller Miroslav Klose	**Rudi Völler**  Gerd Müller Miroslav Klose Joachim Streich

Stadion ST1	Stadion ST2	Stadion ST3	Stadion ST4
Weserstadion Müngersdorfer Stadion Volksparkstadion Westfalenstadion	**Müngersdorfer Stadion**  Volksparkstadion Westfalenstadion Weserstadion	**Volksparkstadion** Westfalenstadion Weserstadion Müngersdorfer Stadion	**Westfalenstadion**  Weserstadion Müngersdorfer Stadion Volksparkstadion

Europameister EM1	Europameister EM2	Europameister EM3	Europameister EM4
Deutschland  Spanien Frankreich Russland	**Spanien** Frankreich Russland Deutschland	**Frankreich**  Russland Deutschland Spanien	**Russland**  Deutschland Spanien Frankreich

Weltmeister WM1	Weltmeister WM2	Weltmeister WM3	Weltmeister WM4
Brasilien  Italien Deutschland Argentinien	**Italien**  Deutschland Argentinien Brasilien	**Deutschland**  Argentinien Brasilien Italien	**Argentinien** Brasilien Italien Deutschland

⚽ Fußball-Memo

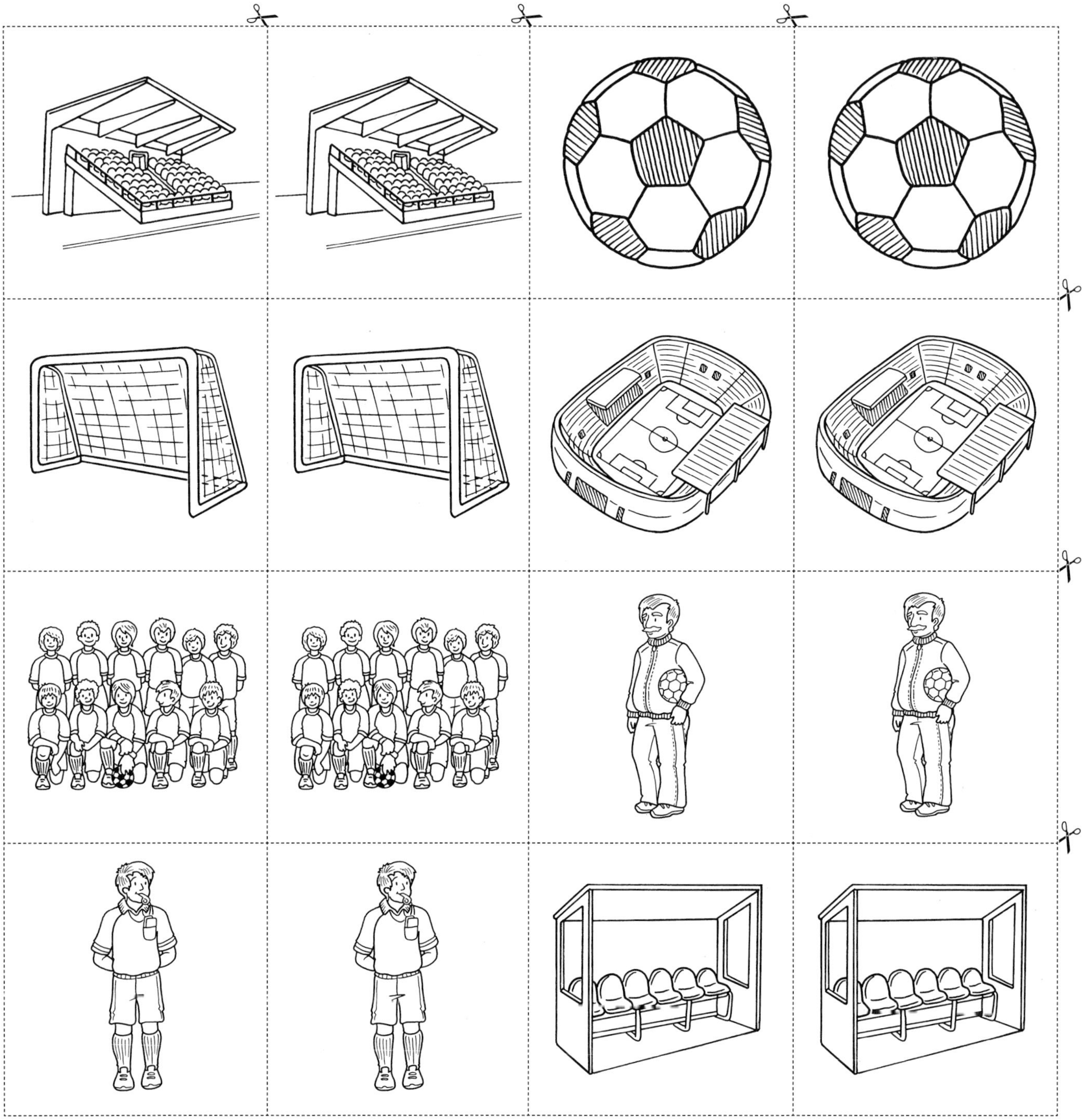

⚽⚽ Fußball-Memo

Hinweis: Bitte für die Lernstärkeren zusätzlich die Memo-Karten von Seite 20/21 zur Verfügung stellen.

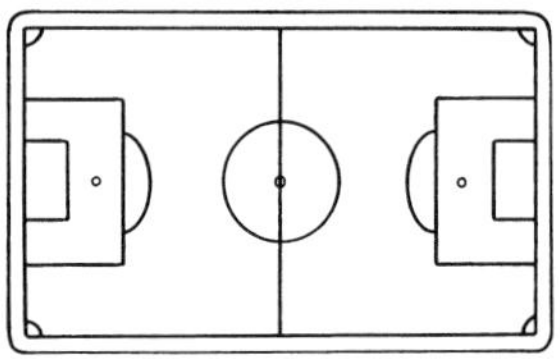

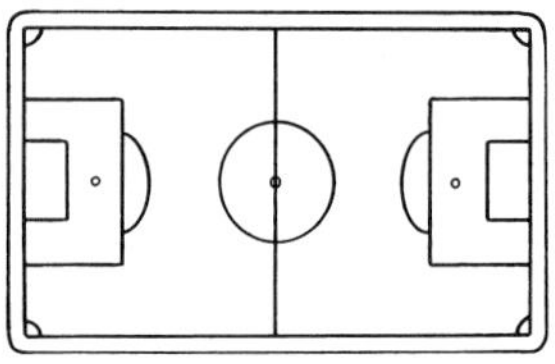

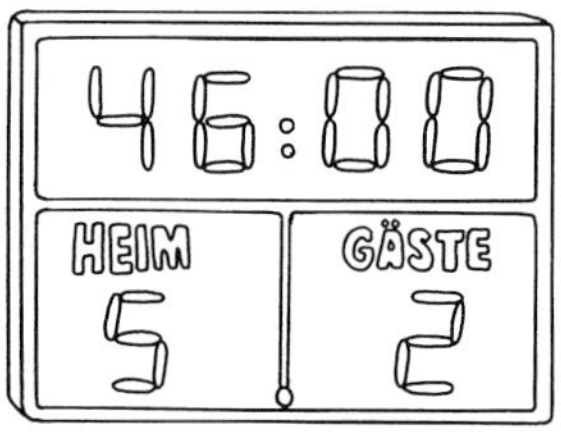

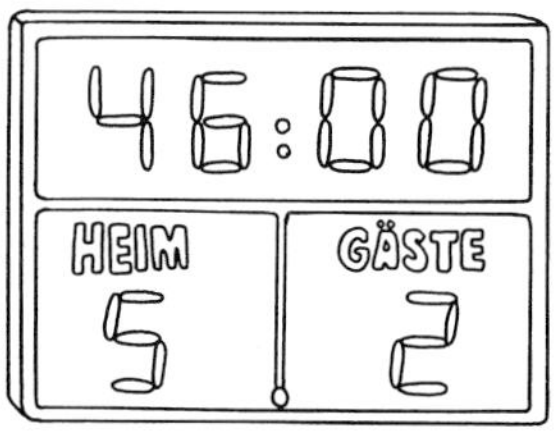

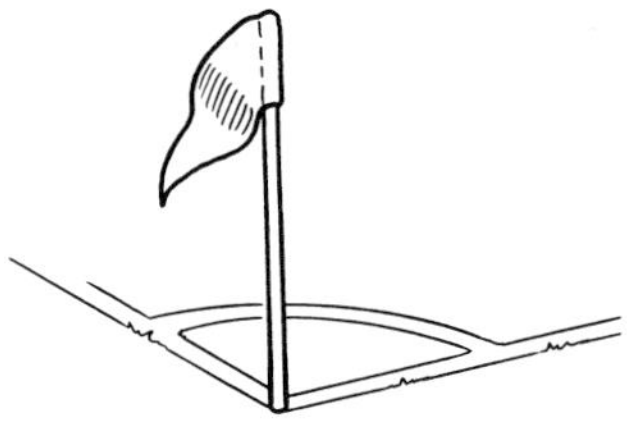

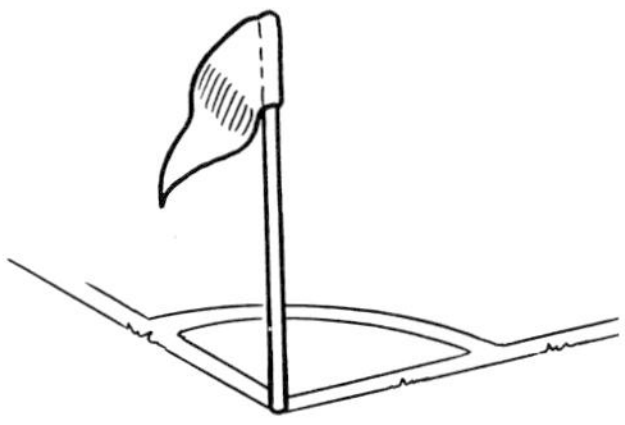

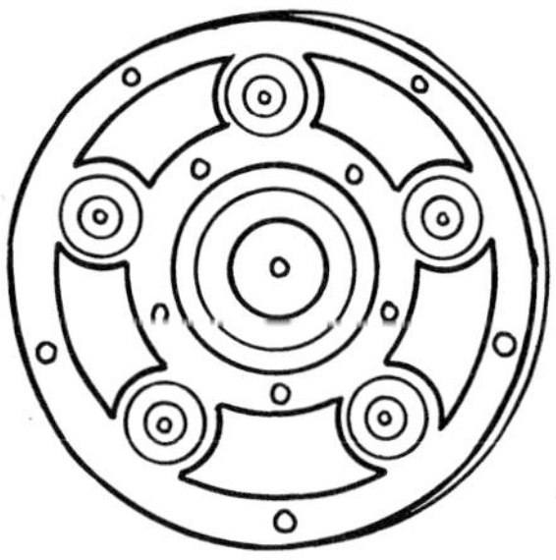

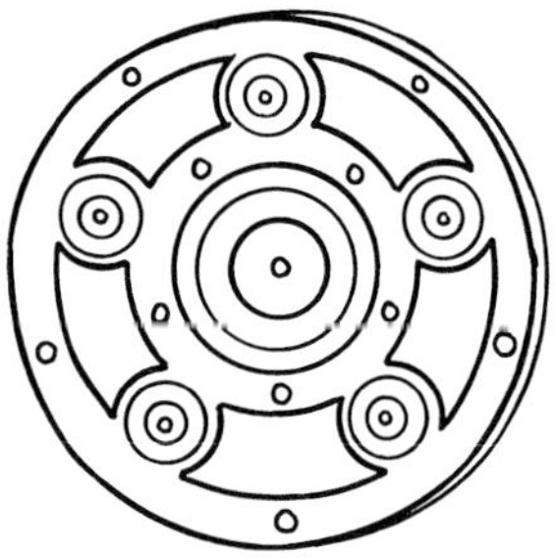

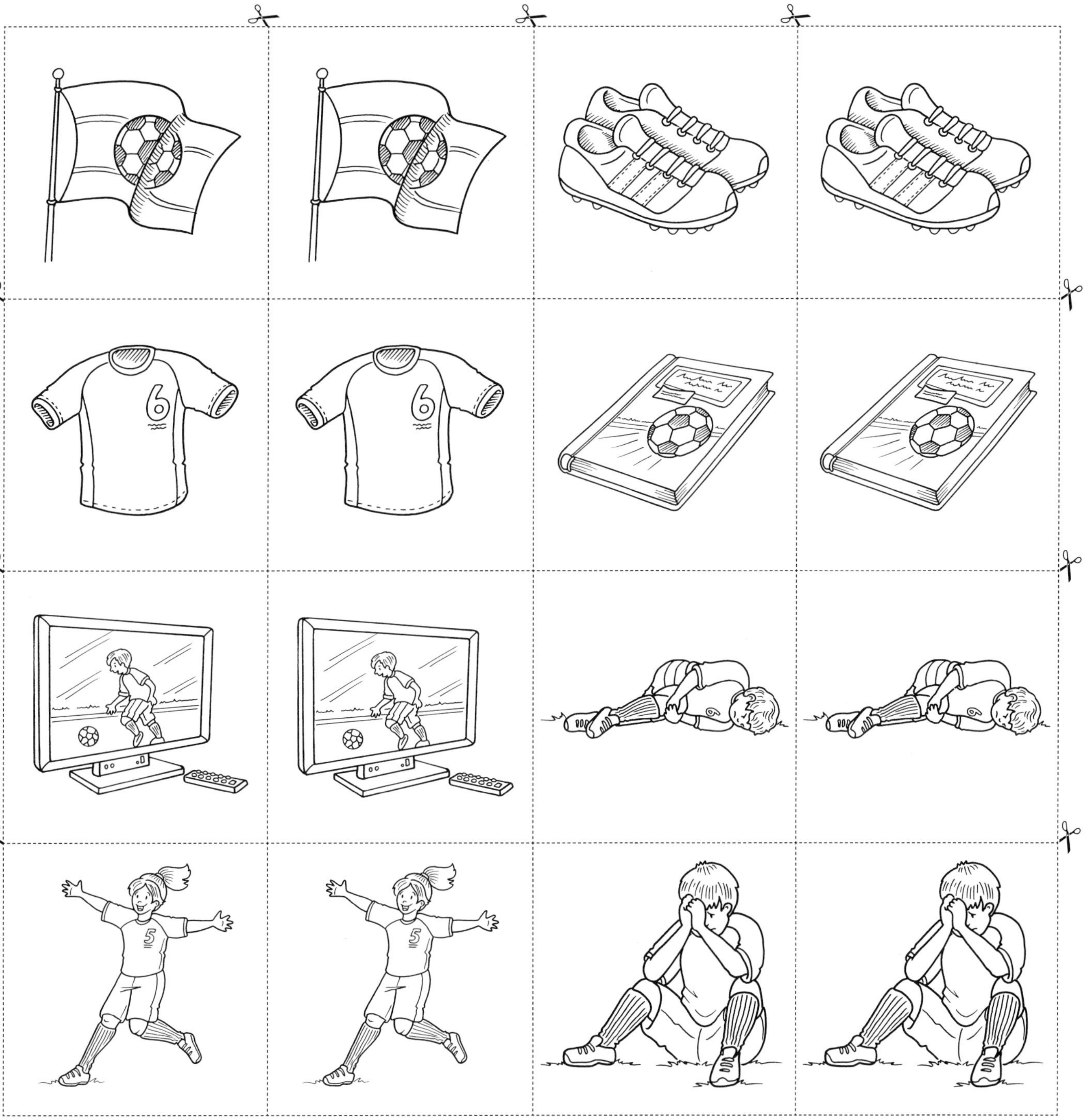

⚽ Fußball-Domino

[Tribüne]	Ball	[Ball]	Tor
[Tor]	Stadion	[Stadion]	Mannschaft
[Mannschaft]	Trainer	[Schiedsrichter]	Schiedsrichter
[Schiedsrichter]	Ersatzbank	[Ersatzbank]	Kapitänsbinde
[Torwart]	Torwart	[Handspiel]	Handspiel
[Rote Karte]	Rote Karte	[Elfmeter]	Elfmeter
[Linienrichter]	Linienrichter	[Einwurf]	Einwurf
[Schuss]	Schuss	[Tribüne]	Tribüne

24

Lukas Jansen: Lernwerkstatt Rund um den Fußball
© Persen Verlag

⚽⚽ Fußball-Domino

wenn der Ball innerhalb der beiden Pfosten und unter der Querlatte vollständig über die Torlinie gespielt wird.	**Ein Strafstoß**	wird vom Elfmeterpunkt aus geschossen.	**Auf der Ersatzbank**
sitzen die Auswechselspieler.	**Der Torwart**	hütet das Tor und versucht, keine Bälle hineinzulassen.	**Der Schiedsrichter**
sorgt dafür, dass alle Regeln eingehalten werden.	**Der Mannschaftskapitän**	trägt eine Armbinde und ist der erste Ansprechpartner für den Schiedsrichter.	**Eine Halbzeit**
ist 45 Minuten plus die Nachspielzeit lang.	**Einen Einwurf**	gibt es, wenn der Ball ins Seitenaus geht.	**Der Stürmer**
steht häufig vorm gegnerischen Tor und soll viele Tore schießen.	**Mit der Hand spielen**	darf nur der Torwart im eigenen Strafraum.	**Einen Eckstoß gibt es,**
wenn der Ball über die Torauslinie geht und ein verteidigender Spieler als letztes am Ball war.	**Der Trainer entscheidet,**	welche Spieler auf welcher Position auf dem Platz spielen dürfen.	**Ein Spiel ist**
zwei Halbzeiten lang.	**Der Anstoß**	wird zu Beginn der Halbzeiten und nach einem Tor ausgeführt.	**Auf der Tribüne sitzen**
die Fußballfans.	**Nach einem Foul**	gibt es einen Freistoß oder einen Elfmeter.	**Ein Tor wird erzielt,**

Lukas Jansen: Lernwerkstatt Rund um den Fußball
© Persen Verlag

Fußball-Aktivitäts-Spiel (Spielregeln)

Für 3–4 Zweier-Teams

Ihr braucht: Würfel, Sanduhr, Stifte, leere Schmierblätter

Ziel: Gewinnt so viele Karten wie möglich.

Spielregeln

1. Schneidet die Spielkarten aus und legt sie verdeckt auf einen Stapel.

2. Geht in Zweier-Teams zusammen.

3. Ihr würfelt zuerst aus, welches Zweier-Team beginnt. Das Team mit der höchsten Zahl beginnt. Danach spielt ihr im Uhrzeigersinn.

4. Ein Schüler des ersten Teams zieht eine Karte, die er den anderen nicht zeigt. Dann würfelt er.

   <u>Bei einer 1 oder 2</u>

   muss er den Begriff auf der Karte **ohne Worte** mit dem Körper **erklären**. Es dürfen dafür keine Hilfsgegenstände benutzt werden. Man darf aber auf Gegenstände zeigen.

   <u>Bei einer 3 oder 4</u>

   muss der Begriff **gemalt** werden.

   <u>Bei einer 5 oder 6</u>

   muss der Begriff **erklärt** werden. Teile des Wortes dürfen nicht genannt werden.

5. Beginnt eine Gruppe mit dem Zeichnen, dem Erklären oder den Darstellen ohne Worte, dreht einer der Mitspieler die Sanduhr um.
   In dieser Zeit können alle Mitspieler raten, welches Wort gemeint ist.

6. Wird das Wort richtig erraten, erhält das Team die Karte bis zum Spielende. Das nächste Team ist dann an der Reihe.

7. Ist die Zeit verstrichen oder der Begriff erraten, ist das nächste Team an der Reihe.

Fußball-Aktivitäts-Spiel (Spiel-Karten)

Ball	Tor	Stadion	Mannschaft	Trainer
Schiedsrichter	Ersatzbank	Kapitänsbinde	Torwart	Handspiel
Elfmeter	Linienrichter	Foul	Einwurf	Schuss
Tribüne	Seitenaus	Torlinie	Pfosten	Querlatte
Kapitän	Stürmer	Halbzeit	Eckstoß	Anstoß
Trikot	Fußballschuh	Fußballhose	Reporter	Stadionsprecher
Verteidiger	Strafraum	Mittelkreis	Auswechselspieler	Toraus
Schwalbe	Kopfball	Pfeife	Rote Karte	Gelbe Karte

Lukas Jansen: Lernwerkstatt Rund um den Fußball
© Persen Verlag

Los geht's, schieß ein Tor! (Spielregeln)

Für 2 bis 4 Spieler

Ihr benötigt: Einen Würfel, 2 Spielfiguren

Spielregeln

1. Schneidet die Schiedsrichterkarten, die Fußballerkarten und die Torwartkarten aus. Mischt sie und legt sie verdeckt auf drei Stapel.

2. Bildet zwei Mannschaften. Jede Mannschaft stellt ihre Spielfigur in den Mittelkreis. Aus einer Mannschaft ist jeder Mitspieler abwechselnd an der Reihe. Die Mannschaft mit dem jüngsten Mitspieler beginnt. Es werden immer so viele Felder in beliebiger Richtung gezogen, wie Augen auf dem Würfel sind.

3. Kommt ein Spieler auf ein Schiedsrichterfeld, muss er eine Schiedsrichterkarte ziehen. Er zieht eine verdeckte Karte vom Stapel und befolgt die Anweisungen.

4. Gelangt ein Spieler auf ein Fußballerfeld, müssen die Angaben auf den Rückseiten der Fußballerkarten gelesen werden.

5. In den Strafräumen sind die Torwartfelder. Kommst du auf ein entsprechendes Feld, muss die gegnerische Mannschaft die Torwartkarten lesen.

6. Nachdem die Karten gespielt wurden, werden sie unter den Stapel geschoben. Sind Karten einmal alle durchgespielt, werden diese neue gemischt.

7. Gewonnen hat die Mannschaft, der es zuerst gelingt, ein Tor zu erzielen.

Schiedsrichterkarten   Fußballerkarten   Torwartkarten

Rot! Das war eine glatte rote Karte. Setze eine Runde aus.

Das war eine Schwalbe. Aber der Schiedsrichter hat nichts gesehen. Gehe 1 Feld vor.

Der Torwart überlegt: Langer Abstoß oder schieße ich den Ball zum nahen Abwehrspieler? Würfle einmal. Bei einer ⚄ oder ⚅ gehe zwei Felder vor. Bei einer ⚀ bis ⚃ gehe ein Feld zurück.

Los geht's, schieß ein Tor! (Schiedsrichterkarten)

Du hast deinen Gegner unfair vom Ball getrennt. Gehe 2 Felder zurück in Richtung des Tores deiner Mannschaft.	Das war eine gelbe Karte! So geht man nicht in einen Zweikampf. Gehe 3 Felder in Richtung deines eigenen Tores zurück.	Glück gehabt! Das war Abseits, aber der Schiedsrichter hat nichts gesehen. Rücke 2 Felder vor!	Der Ball ist im Seitenaus gelandet. Gehe 1 Feld zurück.
Rot! Das war eine glatte rote Karte. Setze eine Runde aus.	Der Schiedsrichter kann sich nicht entscheiden, welcher Mannschaft der Freistoß zusteht. Es gibt Schiedsrichterball. Würfle einmal. Ist das Ergebnis von ⚀ bis ⚂, gehe 1 Feld vor. Würfelst du eine ⚃ bis ⚅, gehe 1 Feld zurück.	Zeitverzögerung! Der Schiedsrichter hat erkannt, dass du dir hier unnötig Zeit gelassen hast. Gehe 1 Feld zurück.	Kurze Unterbrechung: Der Schiedsrichter pfeift, damit ein neuer Spieler eingewechselt werden kann. Mit frischen Kräften geht es weiter. Ziehe 2 Felder vor.
Der Schiedsrichter pfeift. Freistoß! Gehe ein Feld vor.	Ecke! Der Ball ist über die Torauslinie gekullert. Ziehe ein Feld vor!		

Lukas Jansen: Lernwerkstatt Rund um den Fußball
© Persen Verlag

Los geht's, schieß ein Tor! (Fußballerkarten)

Fair Play! Du hast einen Einwurf zugesprochen bekommen, hast aber den Ball selbst zuletzt berührt. Du sagst dem Schiedsrichter Bescheid und dein Gegner wirft den Ball ein. Gehe 1 Feld vor.	Der Pass war wohl nichts … Gehe 2 Felder zurück!	Du bist frisch eingewechselt worden und sprintest drauf los. Ziehe 3 Felder vor!	Das ist nicht dein Tag heute. Beim Versuch zu schießen, triffst du nur den Rasen. Dein Fuß schmerzt und du musst dich von deinem Mannschaftsarzt behandeln lassen. Eine Runde Pause!
Schiedsrichterball! Du musst würfeln: Bei einer geraden Zahl bekommt deine Mannschaft den Ball, bei einer ungeraden die gegnerische Mannschaft. Gehe entsprechend 1 Feld vor oder zurück.	Dein Dribbling ist an Eleganz nicht zu überbieten. Würfle gleich noch einmal!	Hoppla! Wo sollte der Pass denn landen? Gehe 2 Felder zurück!	**Freistoß!** Der Ball landet … in der Mauer. Gehe 1 Feld zurück.
Das war eine Schwalbe. Aber der Schiedsrichter hat nichts gesehen. Gehe 1 Feld vor.	**Hackentrick!** Das sah filmreif aus. Gehe 2 Felder vor!	Oh nein! Du hast deine Schienbeinschoner zuhause vergessen. Nimm auf der Bank Platz und setze eine Runde aus.	Du bist in aussichtsreicher Position, schießt und der Gegner wehrt mit der Hand ab. Du bekommst einen Freistoß und rückst 2 Felder vor!

Los geht's, schieß ein Tor! (Torwartkarten)

Der Torwart überlegt: Langer Abstoß oder schieße ich den Ball zum nahen Abwehrspieler? Würfle einmal. Bei einer ⚃ oder ⚅ gehe zwei Felder vor. Bei einer ⚀ bis ⚂ gehe ein Feld zurück.	Elfmeter! Du entscheidest dich aber für die richtige Ecke und kannst den Ball halten. Gehe 1 Feld vor!
Ein gewaltiger Schuss fliegt auf deinen Kasten zu. Du wirst ihn nie erreichen können. Aber der Pfosten hilft. Rücke 1 Feld vor!	Dein Abschlag landet punktgenau bei dem Stürmer deiner Mannschaft. Rücke 2 Felder vor.
Du hast eine Ecke verursacht. Gehe 1 Feld zurück.	Den Freistoß hast du glänzend pariert! Dein Gegner muss 2 Felder zurück.
Distanzschuss. Du kannst ihn gerade zur Ecke lenken. Dein Gegner darf 1 Feld nach vorn.	Wie aus dem Nichts taucht der gegnerische Stürmer vor dir auf. Reaktionsschnell verhinderst du das Schlimmste. Rücke 2 Felder vor.

Los geht's, schieß ein Tor! (Spielfeld)

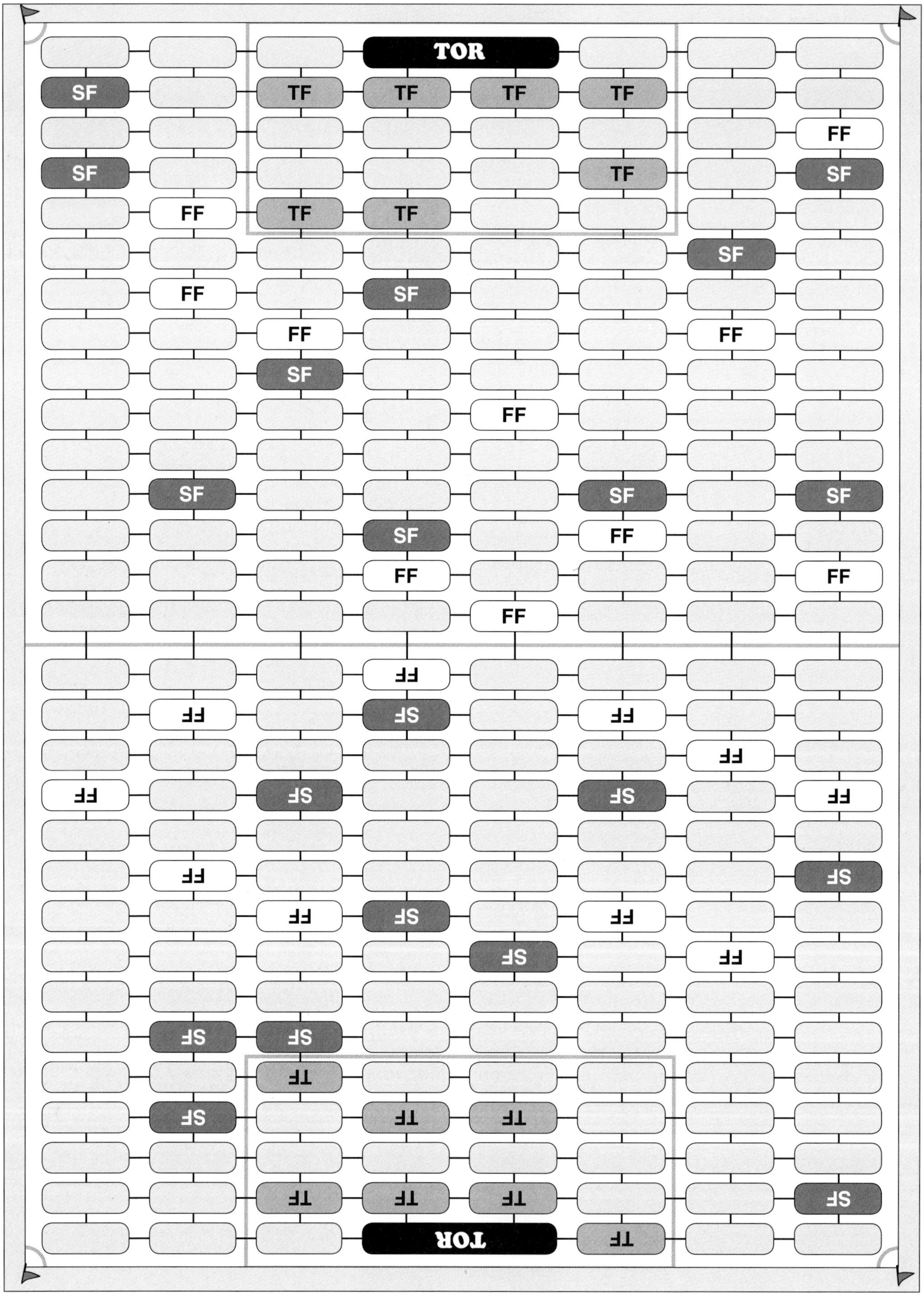

Fußball-ABC

Schreibe zu den Buchstaben des Alphabets Wörter auf, die mit Fußball zu tun haben.

    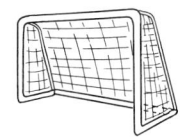

A wie _____	**N** wie _____
B wie _____	**O** wie _____
C wie _____	**P** wie _____
D wie _____	**Q** wie _____
E wie _____	**R** wie _____
F wie _____	**S** wie _____
G wie _____	**T** wie _____
H wie _____	**U** wie _____
I wie _____	**V** wie _____
J wie _____	**W** wie _____
K wie _____	**X** ⚽⚽⚽⚽⚽⚽⚽
L wie _____	**Y** ⚽⚽⚽⚽⚽⚽⚽
M wie _____	**Z** wie _____

Meine Lieblingsspielerin / mein Lieblingsspieler

Erstelle einen Steckbrief von deinem Lieblingsspieler oder deiner Lieblingsspielerin.

Nutze dafür Fußballzeitungen oder das Internet (z. B.: http://www.fussballdaten.de).

Steckbrief

Name: _____

Geboren am: _____

Geburtsort: _____

Spielposition: _____

Verein(e): _____

_____

_____

Besondere Merkmale: _____

_____

_____

_____

_____

Größte Erfolge: _____

_____

_____

_____

_____

_____

Wer macht was auf dem Spielfeld – Spielerpositionen (1)

Der Torwart

Jede Mannschaft spielt mit nur einem Torwart. Der Torwart passt darauf auf, dass möglichst kein Ball in sein Tor kommt. Damit der Schiedsrichter den Torwart schnell erkennen kann, hat er eine andere Trikotfarbe als seine Mitspieler. Das ist wichtig, denn für den Torwart gelten besondere Regeln.

So darf er den Ball im eigenen Strafraum mit der Hand berühren und fangen. Andere Spieler dürfen dies nicht. Nur wenn der Ball absichtlich von einem Mitspieler mit dem Fuß zu ihm gepasst wurde, muss der Torwart den Ball mit dem Fuß spielen.

Im sogenannten 5-Meter-Raum darf der Torwart nicht behindert werden. So darf der Gegenspieler den Torwart in diesem Raum nicht stark berühren oder ihn behindern, um an den Ball zu kommen.

Wenn sich der Torwart verletzt oder er ausgewechselt werden muss, dann wird das Spiel so lange unterbrochen, bis er wieder spielen kann oder der Ersatzmann im Tor steht. Bei allen anderen Spielern ist das nicht so.
Bei einem Elfmeter darf sich der Torwart vor dem Schuss nur auf der Torlinie bewegen.

Die Abwehrspieler

Jede Mannschaft hat mehrere Abwehrspieler. Diese Spieler sollen gegnerische Spieler daran hindern, ein Tor zu schießen. Deshalb werden sie oft auch Verteidiger genannt. Abwehrspieler sind die Feldspieler, die sich am nächsten am eigenen Tor befinden. Häufig sind sie direkt vor dem eigenen Torwart.

Bei den Abwehrspielern gibt es zwei besondere Typen: die Außenverteidiger und die Innenverteidiger. Die Außenverteidiger sind die Abwehrspieler, die eher die Seiten verteidigen. Die Innenverteidiger spielen meistens eher mittig und verteidigen dort das Tor. Häufig sind die Abwehrspieler groß gewachsen, damit sie den Ball in der Luft mit dem Kopf besser abwehren können. Bei Freistößen vor dem gegnerischen Tor stellen sich die langen Abwehrspieler auch häufig in den Strafraum, um selbst Tore zu erzielen.

Wer macht was auf dem Spielfeld – Spielerpositionen (2)

Die Mittelfeldspieler

Jede Mannschaft hat mehrere Mittelfeldspieler. Die Mittelfeldspieler spielen zwischen den Abwehrspielern und den Stürmern. Bei den Mittelfeldspielern gibt es vier verschiedene Arten von Spielern, wobei nicht alle Arten der Spieler in einer Mannschaft sein müssen.

Es gibt zum einen den defensiven Mittelfeldspieler. Dieser steht meistens vor der Abwehr. Er ist dafür zuständig, die Angriffe der gegnerischen Mannschaft zu stören und frühzeitig zu verhindern.

Dann gibt es den zentralen Mittelfeldspieler. Auch er soll wie der defensive Mittelfeldspieler Bälle erobern. Er ist aber ebenso auch ein Spielmacher und soll die Angriffe der eigenen Mannschaft starten. Er sollte sehr laufstark sein, denn er muss sowohl in der Abwehr aushelfen und vorn auch im Angriff spielen.

Zusätzlich gibt es den offensiven Mittelfeldspieler. Er ist der eigentliche Spielmacher und befindet sich häufig vorn in der Mitte des Spielfeldes. Dort soll er die Angriffe und die Tore vorbereiten oder aber selbst Tore schießen.

Als weiteres gibt es noch die Außenmittelfeldspieler. Sie spielen links und rechts an den Seiten. Die Spieler sollen von den Außenseiten aus durch Flanken Tore vorbereiten oder selbst schießen.

Die Stürmer

Jede Mannschaft hat häufig mehrere Stürmer. Die Stürmer sollen in erster Linie Tore für die eigene Mannschaft schießen und werden auch Angreifer genannt. Sie müssen deshalb oft nicht viel in der Abwehr mithelfen und sind meistens in der gegnerischen Spielhälfte zu finden. Hier gibt es wie bei den Mittelfeldspielern verschiedene Arten, wobei nicht alle Arten der Stürmer in einer Mannschaft sein müssen.

Zum einen gibt es die Außenstürmer. Diese spielen eher an den Außenseiten des Feldes. Wenn eine Mannschaft ohne Außenstürmer spielt, dann gibt es häufig zwei Mittelstürmer oder eine Sturmspitze.

Die Mittelstürmer halten sich meistens in der Mitte des Feldes vor dem Tor des Gegners auf. Spielt eine Mannschaft mit nur einem Stürmer, so ist das ein sogenannter Stoßstürmer. Auch er hält sich meistens in der Mitte des Feldes vor dem Tor des Gegners auf. Dieser Stoßstürmer muss kopfballstark und zweikampfstark sein.

Wer macht was auf dem Spielfeld – Spielerpositionen (3)

**Lies die vier Texte zu den Spielerpositionen gründlich durch.
Beantworte die Fragen in der Tabelle.**

	Torwart	Abwehrspieler	Mittelfeldspieler	Stürmer
Was ist die Aufgabe der Spielerposition?				
Wo spielt der entsprechende Spieler?				
Welche Arten der Spielerposition gibt es?				
Welche besondere Regel gibt es für diese Spielerposition?				

Lukas Jansen: Lernwerkstatt Rund um den Fußball
© Persen Verlag

⚽ Ein spannendes Spiel

Achim und sein Papa besuchen heute das Heimspiel des TSV Dorfkirchen gegen die Sportfreunde Borstel. Vor Spielbeginn kaufen sich beide noch eine Bratwurst und eine Limo. Schnell gehen sie zu ihren Plätzen und setzen sich hin. Der Schiedsrichter pfeift das Spiel an. Achim feuert seine Mannschaft, den TSV Dorfkirchen, lautstark an. Bald ist es dann soweit und Dorfkirchen schießt das erste Tor des Tages. Ein wunderbarer Kopfball!

Zur Halbzeit steht es immer noch 1:0. Achims Vater möchte sich noch die Stadionzeitschrift kaufen und geht zum Kiosk. Er bringt Achim noch einen Schokoladenriegel mit. Nach 15 Minuten ist die Halbzeitpause um. Achim hofft, dass sein Verein noch ein Tor schießt.

Kurz nach Beginn der zweiten Halbzeit pfeift der Schiedsrichter aber einen Elfmeter für die Sportfreunde Borstel. Mit schnellen, langen Schritten läuft der Stürmer von Borstel auf den Ball zu, schießt und trifft zum 1:1 Ausgleich. Achim ist enttäuscht.

Dann passiert wenig und das Spiel ist kurz vor dem Ende. Der Schiedsrichter zeigt an, dass er noch drei Minuten nachspielen lässt. Dorfkirchen darf noch einen letzten Eckball treten.

Achim drückt die Daumen, dass vielleicht doch noch ein Wunder geschieht und seine Mannschaft das Feld als Sieger verlassen kann.

Die Ecke wird getreten, der Ball von den Gegnern aus dem Strafraum geköpft. Da landet der Ball genau vor den Beinen des Mittelfeldspielers aus Dorfkirchen. Er zögert nicht lang, schießt einfach und der Ball landet unhaltbar im Tor.

Achims Jubel ist grenzenlos. In letzter Sekunde gewonnen! Er freut sich schon, zuhause seiner Oma von diesem Spiel erzählen zu können!

Lies die Geschichte und kreuze richtig an.

a) Achim fährt mit seinem Vater zu
- [ ] einem Auswärtsspiel.
- [ ] einem Heimspiel.

b) Achim feuert
- [ ] den TSV Dorfkirchen an.
- [ ] die Sportfreunde Borstel an.

c) In der Halbzeitpause bekommt Achim von seinem Vater
- [ ] einen Schokoladenriegel geschenkt.
- [ ] eine Stadionszeitschrift geschenkt.

d) Die Sportfreunde Borstel
- [ ] gewinnen das Spiel.
- [ ] verlieren das Spiel.

e) Achim freut sich schon darauf,
- [ ] seiner Oma
- [ ] seinem Opa

von dem spannenden Stadionbesuch zu erzählen.

⚽⚽ Ein spannendes Spiel

Achim und sein Papa besuchen heute das Heimspiel des TSV Dorfkirchen gegen die Sportfreunde Borstel. Vor Spielbeginn kaufen sich beide noch eine Bratwurst und eine Limo. Schnell gehen sie zu ihren Plätzen und setzen sich hin. Der Schiedsrichter pfeift das Spiel an. Achim feuert seine Mannschaft, den TSV Dorfkirchen, lautstark an. Nach einer viertel Stunde ist es dann soweit und die Heimmannschaft schießt das erste Tor des Tages. Ein wunderbarer Kopfball, der für den gegnerischen Torwart unhaltbar ist.

Zur Halbzeit steht es immer noch 1:0. Achims Vater möchte sich noch die Stadionzeitschrift kaufen und geht zum Kiosk. Er bringt Achim noch einen Schokoladenriegel mit. Nach 15 Minuten ist die Halbzeitpause um. Achim hofft, dass sein Verein noch ein Tor schießt.

20 Minuten nach Beginn der zweiten Halbzeit pfeift der Schiedsrichter aber einen Elfmeter für die Sportfreunde Borstel. Achim und sein Vater können gar nicht hinsehen, wie der Stürmer aus Borstel sich den Ball nimmt, ihn auf den Elfmeterpunkt legt und Anlauf nimmt. Mit schnellen, langen Schritten läuft er auf den Ball zu, schießt und trifft zum 1:1 Ausgleich. Achim ist enttäuscht.

Beide Mannschaften haben noch einige Chancen, treffen das Tor aber nicht. Kurz vor dem Ende des Spiels glaubt Achim nicht mehr an den Sieg. Die Spielzeit von 90 Minuten ist dann auch vorbei und der Schiedsrichter zeigt an, dass er noch drei Minuten nachspielen lässt. Es gab einige Unterbrechungen während des Spiels.

Noch einmal stürmt Dorfkirchen nach vorn und schießt auf das Tor. Der Ball wird von einem Gegner abgelenkt und landet im Toraus. Der Schiedsrichter gibt noch eine Ecke.

Achim drückt die Daumen, dass vielleicht doch noch ein Wunder geschieht und seine Mannschaft das Feld als Sieger verlassen kann.

Die Ecke wird getreten, der Ball von den Gegnern aus dem Strafraum geköpft. Da landet der Ball genau vor den Beinen des Mittelfeldspielers Jansen aus Dorfkirchen. Er zögert nicht lang, schießt einfach aus 25 Metern und der Ball landet unhaltbar im Tor.

Achims Jubel ist grenzenlos. In letzter Sekunde gewonnen! Er freut sich schon, zuhause seiner Oma von diesem Spiel erzählen zu können!

Lies die Geschichte und beantworte die Fragen in deinem Heft.

1. In welcher Minute wird der Elfmeter gegeben?
2. Welche der Mannschaften schießt das erste Tor?
3. Wie ist der Halbzeitstand?
4. Was passiert in der Nachspielzeit?

Teste dein Fußballwissen

1. Wenn ein Spieler ins eigene Tor trifft, nennt man das ... .
2. Ein anderes Wort für Strafstoß: ...
3. Er stellt die Mannschaft auf.
4. Es sorgt dafür, dass man in der Dunkelheit sieht, was auf dem Spielfeld passiert.
5. Fliegt der Ball ins Toraus gibt es entweder Torabstoß oder einen ....
6. Er versucht zu verhindern, dass der Ball im Tor landet.
7. Man nennt ihn auch Angreifer.
8. Man nennt ihn auch Abwehrspieler.
9. ... befinden sich unter der Schuhsohle eines Fußballspielers.
10. ... schützen das Schienbein vor Verletzungen.
11. Dort finden Fußballspiele statt.
12. Hier sitzen die Einwechselspieler.

ü = ue

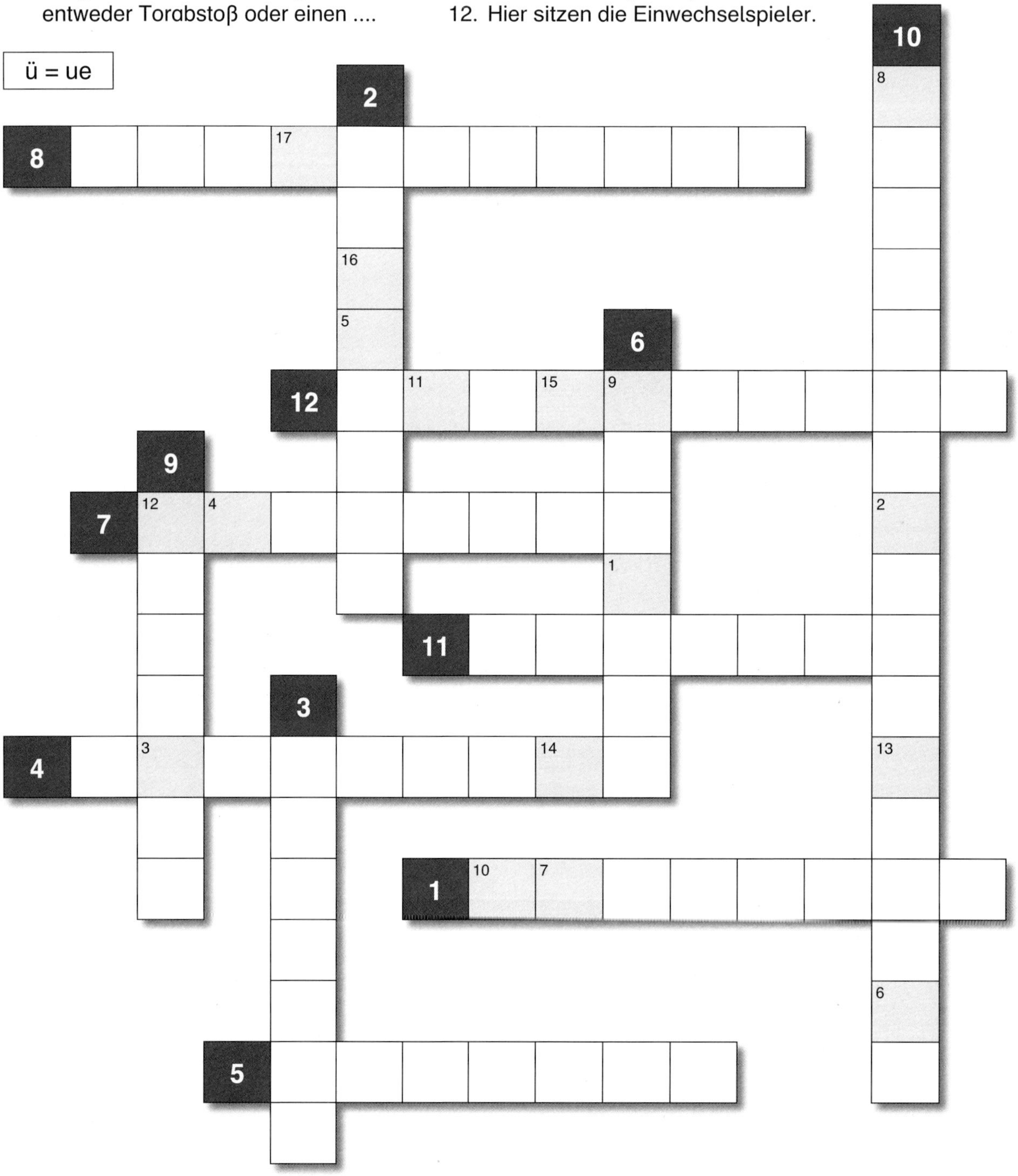

Lösungswort:

| 1 | 2 | 3 | 4 | 5 | 6 | 7 | 8 | 9 | 10 | 11 | 12 | 13 | 14 | 15 | 16 | 17 |

Fußball-Elfchen

Schreibe ein Fußball-Elfchen.

Ein Beispiel:

Anpfiff
lauter Ton
das Spiel läuft
endlich geht es los
Spielbeginn

_____

_____ _____

_____ _____ _____

_____ _____ _____ _____

_____

Das Elfchen

Ein Elfchen besteht aus elf Wörtern und 5 Zeilen.

1. Zeile: Ein Wort (Ein Gedanke, ein Gegenstand, eine Farbe, ein Geruch oder Ähnliches)
2. Zeile: Zwei Wörter (Was macht das Wort aus der 1. Zeile?)
3. Zeile: Drei Wörter (Wo und wie ist der Gegenstand, was tut die Person aus Zeile 1?)
4. Zeile: Vier Wörter (Was meinst du dazu? Etwas über sich selbst schreiben)
5. Zeile: Ein Wort (Was kommt dabei heraus?)

Das Elfchen muss sich nicht reimen.

Fußball-Suchsel

In diesem Buchstabengitter sind
11 Fußballbegriffe versteckt.
Findest du alle?
Schreibe sie auf.

TIPP

ß = ss, ä = ae, ö = oe, ü = ue

F	J	J	V	E	R	T	E	I	D	I	G	E	R	L
L	A	T	H	R	C	Z	I	L	S	I	Z	E	P	M
R	N	N	O	S	E	C	K	B	A	L	L	I	T	I
Y	S	O	H	V	S	O	B	A	C	C	M	P	A	T
I	T	E	A	D	L	O	M	A	F	S	V	S	R	T
S	O	V	N	O	R	O	T	P	S	E	U	D	E	E
O	S	P	D	F	R	E	I	S	T	O	S	S	F	L
T	S	L	S	K	C	E	A	J	U	I	N	J	M	F
O	E	T	P	G	K	O	N	T	E	R	T	H	X	E
R	F	P	I	I	R	A	A	F	R	L	A	T	A	L
W	X	Q	E	D	M	D	R	J	M	M	K	A	J	D
A	L	B	L	T	A	F	K	K	E	E	D	J	T	W
R	W	R	G	R	M	O	Y	E	R	Y	R	O	P	B
T	P	E	S	T	G	U	D	N	J	W	E	F	U	I
V	R	S	Z	E	E	L	F	M	E	T	E	R	I	H

_____   _____

_____   _____

_____   _____

_____   _____

_____   _____

- -

ANSTOSS   ECKBALL   ELFMETER   FOUL   FREISTOSS   HANDSPIEL   KONTER
MITTELFELD   STUERMER   TORWART   VERTEIDIGER

Fußball-Reime

① **Ergänze die Reime mit den passenden Wörtern.**

Das Stadion ist voll besetzt,

die Spieler kommen auf den Platz _____.

Der Trainer brüllt: „Los, weiter, vor!",

da fällt auch bald das erste _____.

Nach einem Foul ist der Stürmer _____,

und wird dann auf die Bank gesetzt.

Die Fans fordern einen _____,

der Schiedsrichter schüttelt den Kopf und meint: „Vielleicht später!"

Zur Halbzeit ist noch nichts entschieden,

der Gegner hofft noch auf ein _____.

Dann trifft ein Spieler noch den _____,

er ärgert sich: „Das wird uns den Sieg kosten!"

Das war dann auch der letzte _____,

der Schiedsrichter greift seine Pfeife: „Schluss!"

| Elfmeter |
| Tor |
| Schuss |
| Pfosten |
| verletzt |
| Unentschieden |
| gehetzt |

② **Schreibe ein kleines Fußballgedicht.**

_____

_____

_____

_____

_____

_____

TIPP
Folgende Wörter kannst du benutzen:

Flanke	danke	Schuss	Kuss
Knall	Ball	Foul	Paul
Karte	warte	Rasen	Hasen
passen	lassen	Chor	Tor
hält	Welt	greifen	pfeifen

Steckbrief – Dein Lieblingsverein

Erstelle zu deinem Lieblingsverein einen Steckbrief.

Steckbrief

Name des Vereins:

_____

Gründungsjahr: _____

Adresse: _____

_____

Foto oder Zeichnung des Stadions

Internetadresse: _____

Name des Stadions: _____

Kapazität des Stadions: _____

Trainer: _____

Dein Lieblingsspieler: _____

Größte Erfolge: _____

_____

Aktueller Tabellenplatz: _____

Das Logo des Vereins:

Foto oder Zeichnung des Vereinswapppens

E-Mail an meinen Lieblingsspieler

**Du willst eine E-Mail an deinen Lieblingsspieler vom TuS Neustadt schreiben. Einen ersten Entwurf hast du bereits abgespeichert.
Es sind aber noch einige Fehler vorhanden. Korrigiere die unterstrichenen Fehler.**

An: Karl_Stuermer@tus.neustadt.de
Betreff: Tolles Spiel

Lieber Karl,

das letzte Spiel von Neustadt habe ich im <u>stadion</u> gesehen. Dein Tor zum 3:2 war einfach nur spitze! Ich habe mich <u>rihsig</u> gefreut, dass Du noch kurz vor dem Ende des Spiels den Kopfball im Tor <u>versengt</u> hast.

Beim <u>jubeln</u> ist mir sogar mein Apfelsaft aus der Hand <u>gefalen</u> und meinem <u>Fater</u> über seine Hose gelaufen. Er hat aber nur gelacht und sich mit mir über das Tor gefreut.

Beim <u>nechsten</u> Heimspiel bin ich wieder im Stadion und werde <u>dich</u> anfeuern! Ganz toll wäre es, wenn Du mir eine <u>Autogramkarte</u> zuschicken könntest. Die kann ich dann neben das <u>Pohster</u> von Dir an meine Wand heften.

Bis zum nächsten Spiel,

lieber <u>Grus</u>,

Paul

Fußball-Weltmeisterschafts-Partner-Diktat

**Arbeite mit deinem Tischnachbarn.
Diktiere deinem Nachbarn den Text.
Schaue dir den Text im Anschluss an
und korrigiere ihn.**

Die Fußball-Weltmeisterschaft

Alle vier Jahre findet im Fußball die Weltmeisterschaft statt.
Dabei treten 32 Mannschaften aus der ganzen Welt
gegeneinander an.
Jeder Fußballer träumt von einer Teilnahme an einer
Weltmeisterschaft.
Aber nur die besten Fußballer eines Landes dürfen mitspielen.
In der Vorrunde entscheidet sich, welche Mannschaften im
Achtelfinale stehen.
Jetzt muss jedes Spiel gewonnen werden, um eine Runde
weiterzukommen.
Ein Spiel kann dabei auch durch ein Elfmeterschießen
entschieden werden.
Im Finale wird um den Titel gespielt.
Der Sieger darf dann vier Jahre den Pokal mit zu sich nach
Hause nehmen.
Die deutschen Männer haben bisher 1954, 1974 und 1990
eine Weltmeisterschaft gewonnen.

⚽ Fußball-Logical

Lies dir den Text durch und fülle die Tabelle aus.

Fußballerin	Luise	Frauke	Johanna
Trikotfarbe			
Hosenfarbe			
Schuhfarbe			

1. Eine Fußballerin hat eine rote Hose an und braune Schuhe.
2. Eine Fußballerin hat ein grünes Trikot an und schwarze Schuhe.
3. Die rechte Fußballerin hat ein braunes Trikot.
4. Die Fußballerin mit der blauen Hose und den blauen Schuhen ist neben der Fußballerin mit den schwarzen Schuhen.
5. Die Fußballerin mit dem roten Trikot ist neben der Fußballerin mit dem braunen Trikot.

⚽⚽ Fußball-Logical

Lies dir den Text durch und fülle die Tabelle aus.

Fußballerin	Luise	Frauke	Johanna
Trikotfarbe			
Hosenfarbe			
Schuhfarbe			

1. Eine Fußballerin hat ein grünes Trikot an.
2. Die Fußballerin, die rote Hosen anhat, hat auch braune Schuhe.
3. Frauke hat kein braunes Trikot.
4. Frauke mag keine schwarzen Schuhe. Sie trägt aber auch keine braunen.
5. Die Spielerin mit der weißen Hose ist nicht Johanna.
6. Luise hat weder ein rotes noch ein braunes Trikot an.
7. Zum roten Trikot gehört weder die weiße noch die rote Hose.
8. Eine Fußballerin hat blaue Schuhe.
9. Eine Spielerin trägt eine blaue Hose.

Fußballer-Weisheiten

Manchmal passiert es, dass die Spieler kurz nach dem Ende eines Fußballspiels noch aufgeregt sind. Wenn dann ein Reporter den Spieler zu einem Interview bittet, ist dieser noch nicht vollkommen ruhig und konzentriert. So kommt es häufig zu lustigen Versprechern.

① **Schaue dir die Aussagen an und finde die Fehler.**

a) „Mailand oder Madrid! – Hauptsache Italien" *(Andreas Möller)*

b) „Zuerst hatten wir kein Glück, dann kam auch noch Pech dazu."
(Jürgen Wegmann)

c) „Jetzt müssen wir die Köpfe hochkrempeln. Und die Ärmel natürlich auch."
(Lukas Podolski)

d) „Der Jürgen Klinsmann und ich, wir sind ein gutes Trio. Äh, ich meine Quartett."
(Fritz Walter)

e) „Wir dürfen jetzt nicht den Sand in den Kopf stecken!" *(Lothar Matthäus)*

f) „Ich habe in einem Jahr einmal 15 Monate durchgespielt!" *(Franz Beckenbauer)*

g) „Ich sage nur ein Wort: Vielen Dank!" *(Horst Hrubesch)*

② **Suche im Internet nach weiteren lustigen Fußballer-Weisheiten. Schreibe sie auf.**

Fußball-Legenden

Es gibt viele bekannte deutsche Fußballerinnen und Fußballer mit einer großartigen Fußballkarriere. Sie haben im Fußball eine ganz besondere Leistung gezeigt und werden daher Fußball-Legenden genannt. Birgit Prinz schaffte es beispielsweise, zweimal Weltmeisterin zu werden: 2003 und 2007. Andreas Brehme schoss Deutschland mit seinem Elfmetertor 1990 gegen Argentinien zum Weltmeister. Und mit Fritz Walter als Kapitän gewann Deutschland 1954 seine erste Weltmeisterschaft.

① **Wer ist für dich eine Fußball-Legende?**

_____

Wenn du keine kennst, wähle aus den folgenden Fußballerinnen und Fußballern eine oder einen aus.

> Uwe Seeler   Birgit Prinz   Fritz Walter   Andreas Brehme   Conny Pohlers
> Martina Voss   Walter Frosch   Franz Beckenbauer   Gerd Müller
> Hort Hrubesch   Berti Vogts   Pierre Littbarski   Rudi Völler

② **Gestalte ein großes Plakat zu deiner Fußball-Legende.
Suche hierfür in Fußballbüchern oder im Internet nach Informationen.
Klebe Bilder auf oder zeichne.**

Du kannst auch einen typischen Spruch des Spielers in eine Sprechblase schreiben.

Dein Plakat sollte auf jeden Fall diese Angaben enthalten:

Name – Geburtsdatum – In welchen Vereinen spielte sie/er? – Wofür wurde sie/er berühmt? – Was macht sie/er heute? – Was findest du an ihr/ihm besonders interessant?

Das Stadion (1)

Fußball ist eine sehr beliebte Sportart. Damit viele Menschen die Fußballvereine auch live (das heißt nicht am Fernseher) verfolgen können, haben sich die größeren Fußballvereine immer ein Stadion gebaut. Das Wort Stadion ist ein altes griechisches Wort und bezeichnet eine Längeneinheit für eine Rennbahn.

Bei vielen alten Stadien wurde um das Fußballfeld auch noch eine Laufbahn gebaut. So konnten in den Fußballstadien auch Leichtathletik-Wettkämpfe stattfinden. Auch andere Sportarten wurden dort häufig gespielt. Heutzutage gibt es meistens nur noch reine Fußballstadien ohne Rennbahnen.

Fußballstadien sind sehr groß, da in ihnen immer ein großes Spielfeld von mehr als 100 Metern Länge und 70 Metern Breite ist. Um das Spielfeld herum gibt es die sogenannte Freilaufzone, die 6 bis 10 Meter breit ist. Dort laufen sich die Auswechselspieler warm und in diesem Bereich ist auch die Trainerbank. Auch die Fotografen und die Kameraleute vom Fernsehen halten sich dort während des Spiels auf.

Direkt an diese Zone grenzen die Tribünen. Diese steigen steil auf und dort befinden sich die Zuschauer. Bei den reinen Fußballstadien gibt es vier große Tribünen, eine an jeder Spielfeldseite. Eine der beiden Tribünen an der langen Spielfeldseite heißt Haupttribüne, auf der anderen Seite liegt die Gegentribüne. Die beiden Tribünen an den kurzen Spielfeldseiten werden häufig nach den Himmelsrichtungen, in die sie zeigen, benannt (z. B. Südtribüne).

Damit viele Menschen eine gute Sicht auf das Spielfeld haben, sind die Tribünen meist steil ansteigend und in Ränge unterteilt. Ränge sind so etwas wie große Balkone, die über den darunter liegenden Teil der Tribüne ragen.

Auf den unterschiedlichen Tribünen gibt es voneinander abgesperrte Bereiche. So gibt es dort Stehplätze (Plätze ohne Sitzmöglichkeit), Sitzplätze und den sogenannten Auswärtsblock. In dem Auswärtsblock sitzen und stehen die Fans der Gästemannschaft und dieser Block nimmt meist nur einen kleinen Teil der Zuschauerplätze ein.

Es gibt unterschiedlich große Fußballstadien. Das Stadion in Deutschland mit den meisten Zuschauerplätzen steht in Dortmund und besitzt knapp 81 000 Zuschauerplätze. In das weltweit größte Stadion, das *„Stadion Erster Mai"* in China passen sogar 150 000 Zuschauer.

Lies den Text gründlich.
Beschrifte danach die Zeichnung auf dem nächsten Blatt (Seite 52).

Das Stadion (2)

Wie heißen die Teile des Stadions? Schreibe die Namen in die Kästchen.

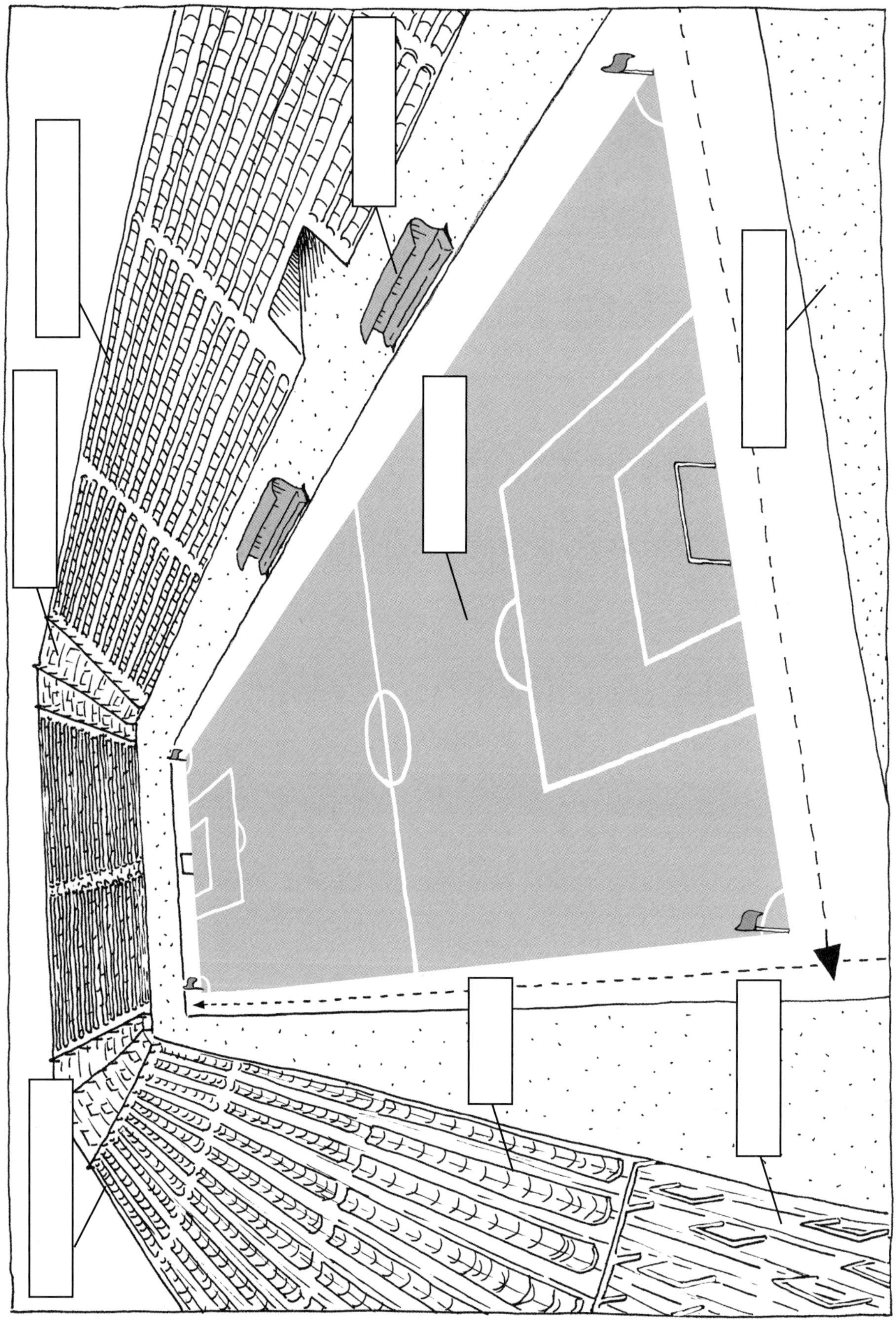

⚽ Der Stadionbesuch

Am Eingang des Stadions deines Lieblingsvereins siehst du Tafeln mit Preisen für Eintritt, und unten für Essen und Getränke.

Schaue dir die Preistafeln genau an und löse die Aufgaben.

```
Erwachsene ........... 10 €
Kinder (bis 14 Jahre) ..... 5 €
Jugendliche
(15 bis 18 Jahre) ............... 7 €
Stadionmagazin ........ 1 €
```

① Michael, Jana und ihre Eltern wollen sich das nächste Heimspiel ihres Lieblingsvereins FC Neukirchen anschauen. Michael ist 10 Jahre, Jana 16 Jahre alt. Wie viel müssen alle zusammen bezahlen?

Rechnung:

Antwort: _____

② Tim, 12 Jahre alt, geht mit seinem Großvater ins Stadion. Tim möchte gern noch das Stadionmagazin kaufen. Was müssen die beiden für den Eintritt und das Magazin bezahlen?

Rechnung:

Antwort: _____

③ Christina, 10 Jahre alt, ist beim nächsten Heimspiel im Stadion. Ihre Mutter begleitet sie. Christina trinkt immer einen Apfelsaft und isst eine Bratwurst. Ihre Mutter nimmt eine Cola und ein Fischbrötchen. Was müssen die beiden für Essen, Getränke und Eintritt bezahlen?

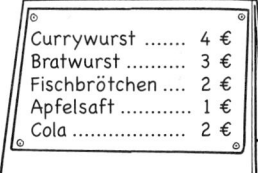

```
Currywurst ........ 4 €
Bratwurst ......... 3 €
Fischbrötchen .... 2 €
Apfelsaft ......... 1 €
Cola .............. 2 €
```

Rechnung:

Antwort: _____

④ Du bekommst von deinem Vater 10 € geschenkt. Du überlegst, dass du ins Stadion gehen könntest. Was kannst du dir davon alles kaufen?

Rechnung:

Antwort: _____

Lukas Jansen: Lernwerkstatt Rund um den Fußball
© Persen Verlag

⚽⚽ Der Stadionbesuch

Das Bild zeigt dir den Eingang des
Stadions deines Lieblingsvereins.
An der Tafel siehst du die Eintrittspreise.

**Schaue dir die Preistafel genau an
und löse die Aufgaben.**

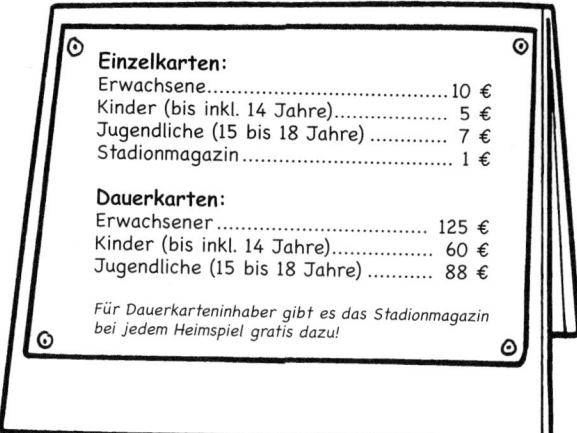

① Kevin und Eren wollen sich zusammen das nächste Heimspiel ihres FC Süderstadt anschauen. Kevin ist 14 und Eren 15 Jahre alt. Beide haben zu Hause schon viele Ausgaben des Stadionmagazins gesammelt und wollen es sich auch diesmal kaufen.
Was müssen die beiden bezahlen?

Rechnung:

Antwort: _____

② Gisela und Julia schwärmen für den FC Süderstadt und überlegen, ob sie sich für die nächste Saison eine Dauerkarte wünschen sollen. Beide sind 8 Jahre alt. Sie haben ausgerechnet, dass sie es schaffen könnten, in der kommenden Saison zehnmal ins Stadion zu gehen.

a) Wie oft müssten die beiden es schaffen, ein Heimspiel des FC Süderstadt zu besuchen, damit es sich lohnt, eine Dauerkarte zu kaufen?

Rechnung:

Antwort: _____

b) Wie viel haben sie dabei gespart?

Rechnung:

Antwort: _____

Lukas Jansen: Lernwerkstatt Rund um den Fußball
© Persen Verlag

Geometrische Formen erkennen

① **Wie heißen diese Formen?**
Ordne die Begriffe den Zeichnungen richtig zu.
Schreibe das Wort unter die Zeichnung.

Kreis – Halbkreis – Rechteck – Quadrat

   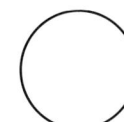      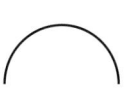

_____   _____   _____   _____

② **Wie viele … findest du?**
Zähle nach und trage die richtige Anzahl ein.

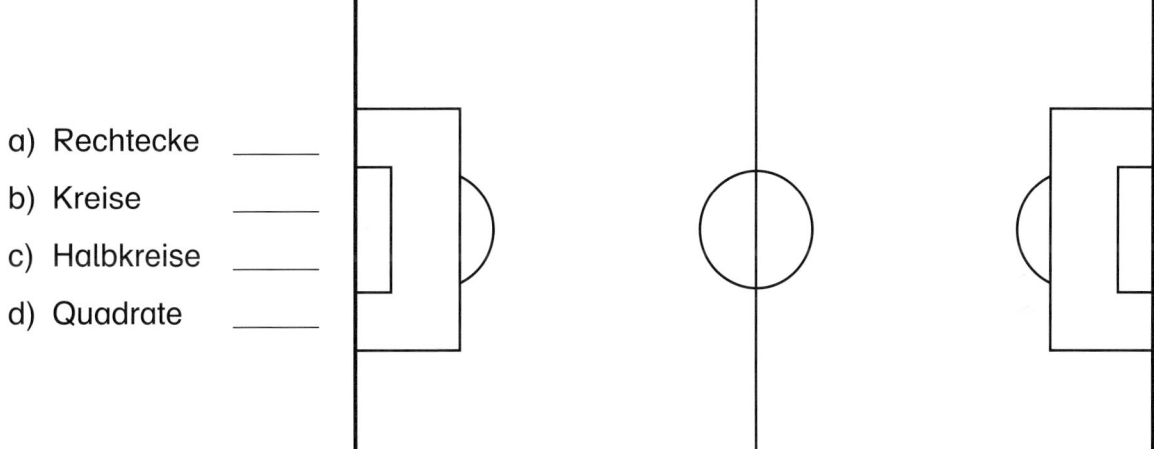

a) Rechtecke _____

b) Kreise _____

c) Halbkreise _____

d) Quadrate _____

③ **Messe mit dem Geodreieck:**

a) Wie lang ist die längste Strecke? _____ cm

b) Wie lang ist die kürzeste Strecke? _____ cm

Der Fußball ist eine Kugel

① **Finde alle Kugeln und male sie gelb an.**

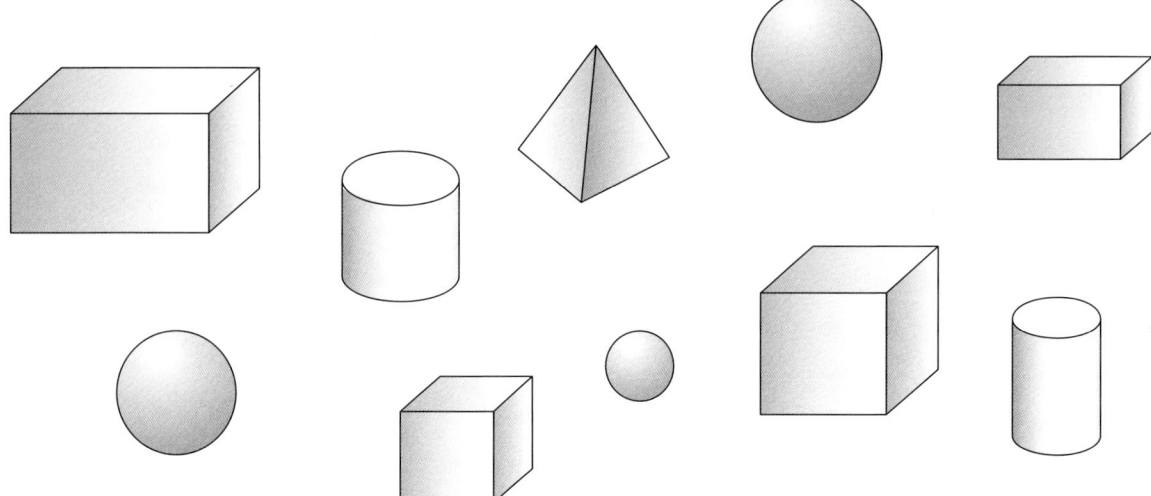

② **Fülle die Lücken im folgenden Satz aus:**

Eine Kugel ist ein Körper und hat ___ Kanten, ___ Ecken und ___ Fläche.

③ **Schaue dich im Klassenzimmer um. Wo entdeckst du Kugeln?**

_____

_____

_____

④ **Überlege: Wo kannst du draußen (auf dem Schulhof, auf dem Weg zur Schule, in der Stadt/im Dorf) Kugeln erkennen? Schreibe auf.**

_____

_____

_____

⑤ **Richtig oder falsch? Kreuze an.**

	richtig	falsch
Eine Kugel hat nur eine Fläche.		
Eine Kugel hat 8 Ecken.		
Eine Kugel hat 4 Kanten.		

Elfmeterstatistik

In der abgelaufenen Saison haben die Schiedsrichter insgesamt 45 Elfmeter gegeben. In der Tabelle siehst du die Elfmeterschützinnen.

Name der Spielerin	Anzahl der Versuche	Verwandelte Elfmeter	Oben links	Oben rechts	In der Mitte	Unten links	Unten rechts
1. Maria Schnellfuß	14	7	1	1	1	2	2
2. Carla König	12	9	0	0	2	6	1
3. Bettina Sturm	9	8	4	4	0	0	0
4. Luise Lahm	6	2	1	0	0	1	0
5. Vera Müller	4	4	0	0	4	0	0

① **Beantworte die Fragen:**

a) Welche Spielerin hat die meisten Elfmeter verwandelt? _____

b) Welche Spielerin hat die meisten Versuche gehabt? _____

c) Welche Spielerin hat am häufigsten danebengeschossen? _____

d) Welche Spielerin hat am seltensten danebengeschossen? _____

② **Wo genau im Tor landeten die meisten Bälle? Markiere die Stelle mit einem Kreuz.**

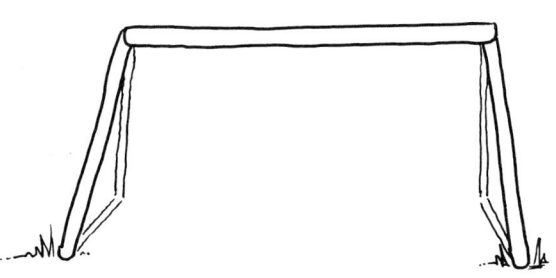

③ **Vervollständige das Diagramm mithilfe der Tabelle oben.**

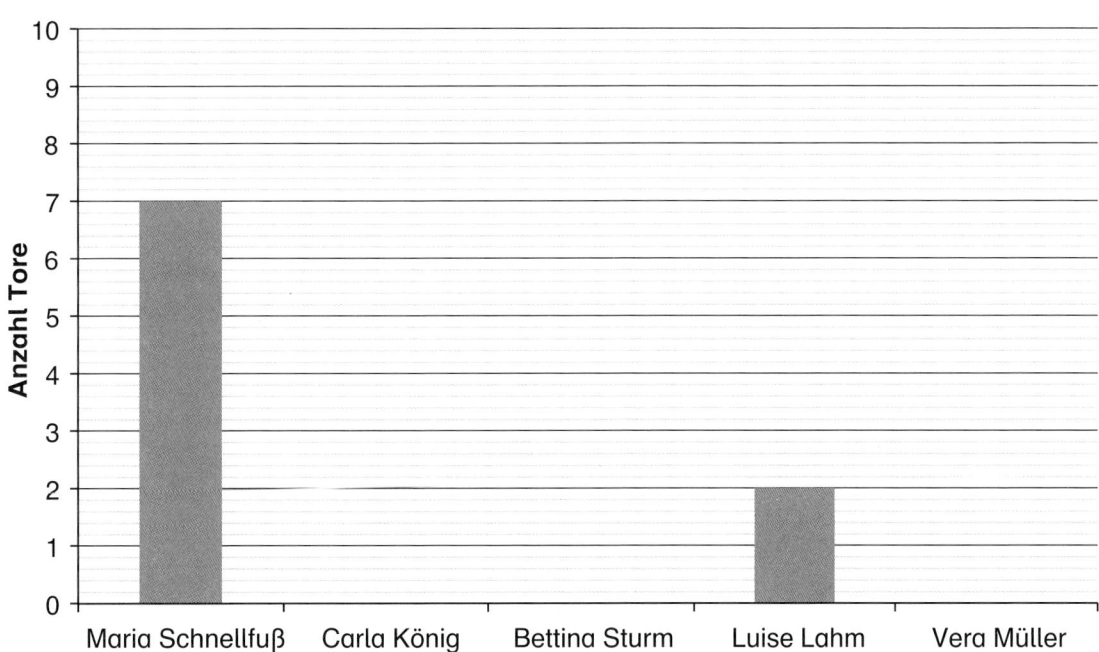

Fußball-Ergebnisse vergleichen

Welche Mannschaft hat das Spiel gewonnen?
Wo gab es ein Unentschieden?

Kleiner < oder Unentschieden = oder größer > ? Trage ein.

Bsp.:
Heim 4 > 3 Auswärts   Heim 7 □ 3 Auswärts

Heim 2 □ 1 Auswärts   Heim 2 □ 2 Auswärts

Heim 6 □ 5 Auswärts   Heim 6 □ 9 Auswärts

Heim 7 □ 8 Auswärts   Heim 7 □ 4 Auswärts

Heim 6 □ 3 Auswärts   Heim 3 □ 3 Auswärts

Heim 9 □ 4 Auswärts   Heim 1 □ 2 Auswärts

Heim 1 □ 7 Auswärts   Heim 3 □ 1 Auswärts

Heim 2 □ 4 Auswärts   Heim 5 □ 2 Auswärts

Heim 8 □ 7 Auswärts   Heim 9 □ 8 Auswärts

Heim 4 □ 4 Auswärts   Heim 3 □ 5 Auswärts

Zuschauerzahlen vergleichen

Welcher Verein hatte mehr Zuschauer im Stadion?
Kleiner < oder größer > ? Trage ein.

Bsp.:

| Bayern München 71 002 | > | Werder Bremen 40 639 | | Hannover 96 44 359 | | SC Freiburg 23 276 |

| Borussia Dortmund 80 520 | | FC Schalke 04 61 171 | | Bor. Mönchengladbach 49 722 | | Hamburger SV 52 916 |

| Bor. Mönchengladbach 49 722 | | VfB Stuttgart 50 054 | | Dynamo Dresden 26 851 | | Hertha BSC Berlin 40 021 |

| Hamburger SV 52 916 | | Eintracht Frankfurt 48 044 | | Bayer Leverkusen 28 120 | | 1. FC Köln 45 250 |

| Fortuna Düsseldorf 46 026 | | Eintracht Frankfurt 48 044 | | FC St. Pauli 28 319 | | Hamburger SV 52 916 |

| Hannover 96 44 359 | | Hamburger SV 52 916 | | 1. FC Kaiserslautern 27 859 | | FC St. Pauli 28 319 |

| FSV Mainz 31 152 | | FC Augsburg 29 078 | | 1. FC Köln 45 250 | | 1. FC Nürnberg 41 518 |

| Bayer Leverkusen 28 120 | | Dynamo Dresden 26 851 | | Bayer Leverkusen 28 120 | | FC St. Pauli 28 319 |

| VfL Wolfsburg 26 627 | | 1899 Hoffenheim 26 162 | | FSV Mainz 31 152 | | VFL Wolfsburg 26 627 |

Spielertransfers

Berechne die Aufgaben.

① Der TSV Dorfkirchen möchte seine Mannschaft verstärken. Sie haben 62 100 € zur Verfügung. Dorfkirchen verkauft noch einen Abwehrspieler für 13 000 €. Der Verein kauft nun einen neuen Stürmer für 21 800 €. Wie viel Geld hat Dorfkirchen nun noch zur Verfügung?

② In der Zeitung steht, dass der neue Stürmer von Bayern München 25 152 € in der Woche verdient. Wie viel verdient der Spieler in drei Monaten?

③ Der SV Bolzmeister kauft vier neue Spieler. Der neue Torwart kostet 120 100 €, der neue Abwehrspieler kostet 90 300 €. Für den Mittelfeldspieler müssen sie 140 700 € zahlen, für den Stürmer 450 600 €.
Wie viel Geld hat der Verein insgesamt ausgegeben?

④ FC Holzbein Kiel braucht vier neue Spieler. Er hat 960 700 € zur Verfügung und möchte nur die günstigsten Spieler kaufen. Welche Spieler soll er wählen? Wie viel Geld gibt er insgesamt für die Spieler aus. Wie viel Geld bleibt übrig?

| 336 869 € | 102 350 € | 589 500 € | 123 290 € | 378 751 € | 598 988 € |

Fußballrekorde

① **Wer landet auf welchem Platz? Hier sollst du die Fußballer nach ihren erzielten Rekorden sortieren. Trage die Plätze von 1 bis 4 ein. Beginne jeweils mit 1 bei der größten Zahl.**

a) Ordne diese Fußballer nach Anzahl der Tore.

Jupp Heynckes	Manfred Burgsmüller	Gerd Müller	Klaus Fischer
220 Tore	213 Tore	365 Tore	268 Tore

Platz _____   Platz _____   Platz _____   Platz _____

b) Ordne diese Fußballer nach Anzahl der Spiele.

Manfred Kaltz	Oliver Kahn	Klaus Fichtel	Karl-Heinz Körbel
581 Spiele	557 Spiele	552 Spiele	602 Spiele

Platz _____   Platz _____   Platz _____   Platz _____

c) Ordne diese Fußballer nach Anzahl der verwandelten Elfmeter.

Horst-Dieter Höttges	Gerd Müller	Manfred Kaltz	Michael Zorc
40 Elfmeter	51 Elfmeter	53 Elfmeter	49 Elfmeter

Platz _____   Platz _____   Platz _____   Platz _____

② **Nun seid ihr an der Reihe! Erstellt eure eigenen Rätsel.**

> **TIPP**
>
> Überlege dir selbst, welche Rekorde du noch vergleichen möchtest. Recherchiere dazu im Internet. Zum Beispiel kannst du suchen nach: *deutsche Rekord-Nationalspielerin, älteste Torschützen* oder *der Spieler mit den meisten Eigentoren*.

Schreibe jeweils die 4 ersten Spielerinnen, Spieler, Mannschaften oder Länder auf und lasse deine Nachbarin oder deinen Nachbarn die Aufgabe lösen.

Platz _____   Platz _____   Platz _____   Platz _____

Rechnen und Ausmalen

Löse die Aufgaben.
Suche im Bild die richtigen Lösungen und male nur diese Felder aus.

a) 4 + 3 = ___

b) 5 + 7 = ___

c) 11 + 9 = ___

d) 17 – 3 = ___

e) 3 · 5 = ___

f) 4 · 4 = ___

g) 6 + 12 = ___

h) 17 – 0 = ___

i) 10 – 2 = ___

j) 15 – 13 = ___

k) 9 · 3 = ___

l) 8 : 2 = ___

m) 21 : 7 = ___

n) 18 + 5 – 4 = ___

o) 18 – 8 – 4 = ___

p) 3 · 8 = ___

q) 3 + 4 + 3 = ___

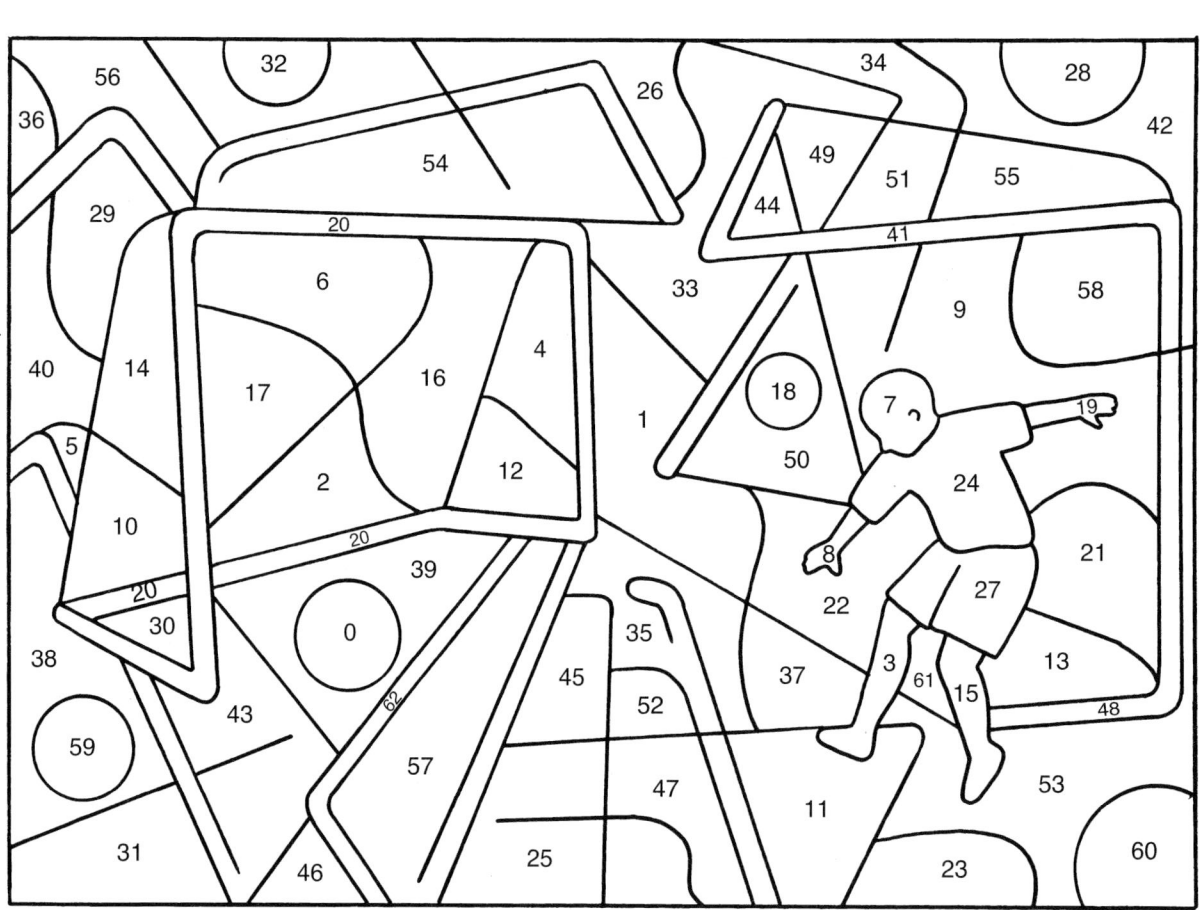

Der lange Weg zum Tor

**Wie viele Meter legt der Ball von einem Tor zum anderen zurück?
Rechne aus.**

> **TIPP**
> Addiere die Entfernungen aller Abschläge, Pässe, Dribblings und Sprints.

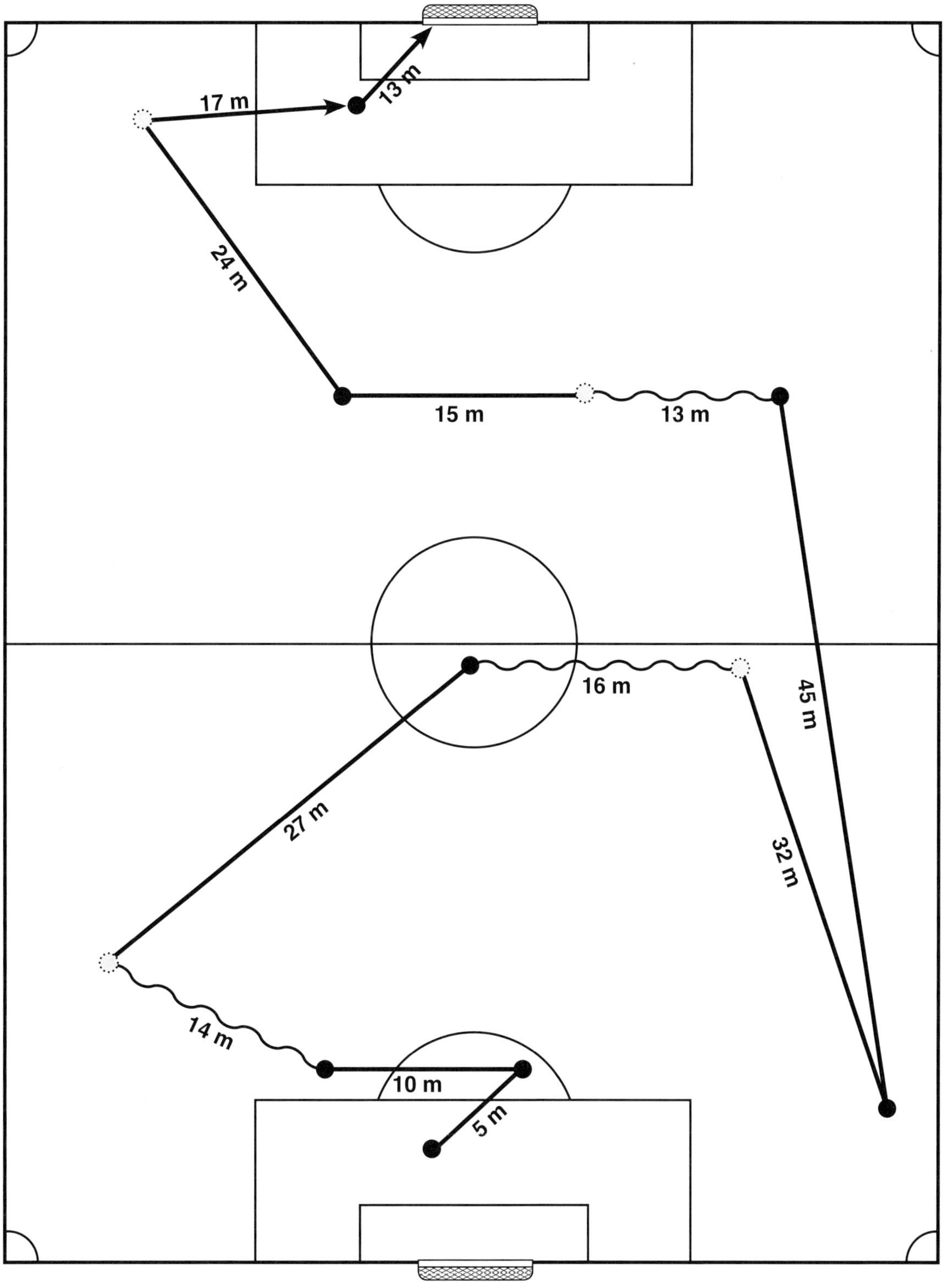

Fußball-Europameister

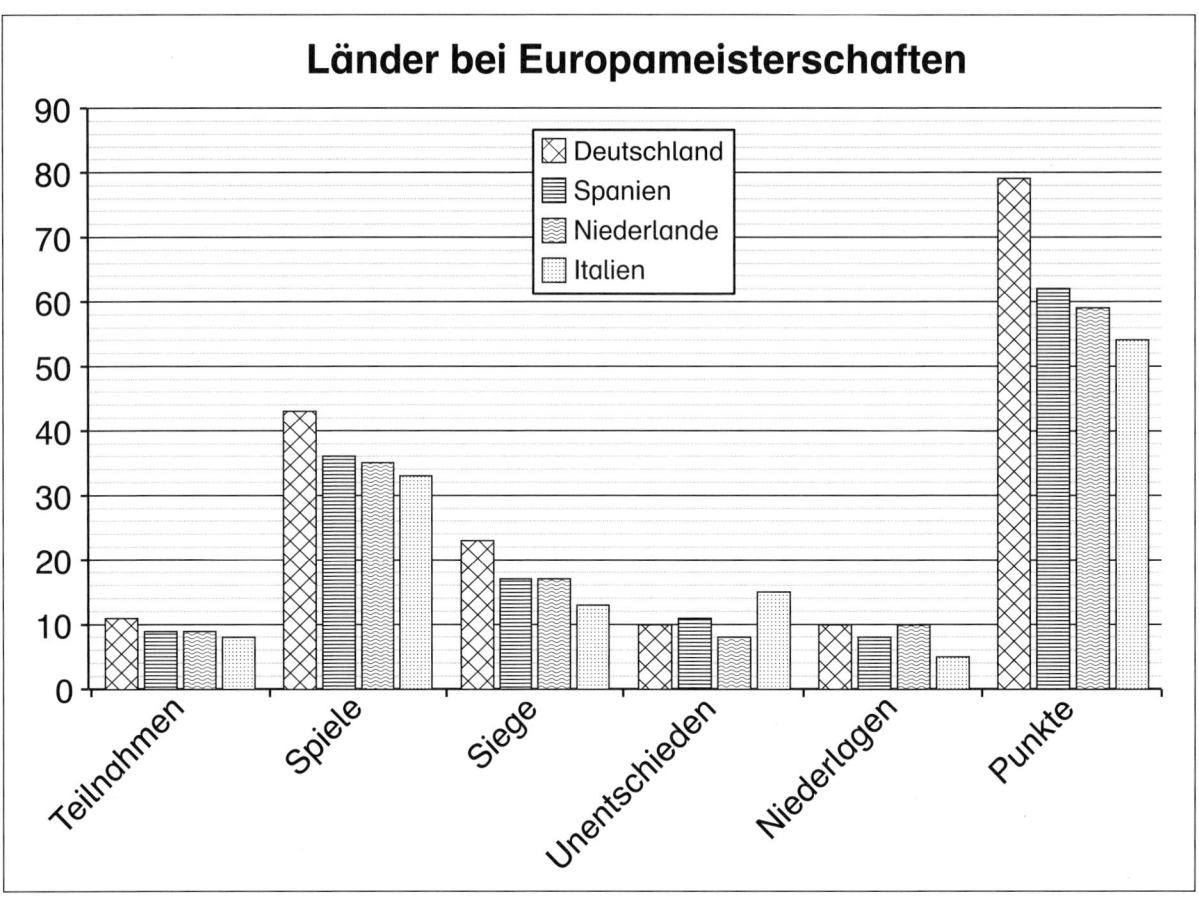

Schau dir das Säulendiagramm an und beantworte die Fragen:

1. Wie heißen die drei Länder, die am häufigsten an einer EM teilgenommen haben?

   _____

2. Welches Land hatte bei Europameisterschaften die meisten Spiele?

   _____

3. Wie viele Spiele hat Deutschland bei Europameisterschaften gewonnen? _____

4. Wie viele Punkte erreichte Italien bei allen Europameisterschaften? _____

5. Zeichne eine neue Tabelle. Sortiere die Länder nach der Anzahl der Unentschieden.

6. Wie viele Punkte wurden von den fünf Ländern zusammen erzielt? _____

„Der Ball ist rund und das Spiel dauert 90 Minuten!"

① **Wie viele Minuten sind …?**

   a) Eine viertel Stunde sind _____ Minuten.

   b) Eine halbe Stunde sind _____ Minuten.

   c) Eine dreiviertel Stunde sind _____ Minuten.

② **Zeichne die richtige Zeigerstellung in die Uhr ein.**

   a) Das Spiel HSV gegen Dortmund beginnt um halb vier.

   b) Die Partie Wolfsburg gegen München startet um 18:30 Uhr.

   c) Mainz gegen Schalke wird um viertel vor neun angepfiffen.

> Ein Fußballspiel dauert **90 Minuten**. Es wird in **zwei Halbzeiten** gespielt, die jeweils **45 Minuten** dauern. Zwischen den Halbzeiten gibt es eine **Pause** von **15 Minuten**.

③ **Wann beginnt die zweite Halbzeit?**

   a) Das Spiel beginnt um 15:30 Uhr: _____

   b) Heute beginnt die Partie verspätet um zehn nach vier: _____

   c) Um 16:00 Uhr sind schon 20 Minuten gespielt: _____

④ **Wann endet die Partie? Der Anpfiff der Partie war um …**

   a) Spielende: _____ Uhr

   b) Spielende: _____ Uhr

   c) Spielende: _____ Uhr   15:30

   d) Spielende: _____ Uhr   13:00

⑤ Beim Pokalspiel HSV gegen Bremen kommt es zur Verlängerung. Nach der normalen Spielzeit von zweimal 45 Minuten geht das Spiel weiter, da das Ergebnis 1:1 lautet. Die Verlängerung wird in zwei Halbzeiten zu je 15 Minuten gespielt. Der Schiedsrichter gönnt den Spielern eine kurze Pause von fünf Minuten zum Verschnaufen.
Der HSV geht um 19:30 Uhr als Sieger vom Platz.

   Wann hat die Verlängerung begonnen? _____

Lukas Jansen: Lernwerkstatt Rund um den Fußball
© Persen Verlag

Bundesliga-Trivia

Beantworte die Fragen. Trage die richtige Antworten in die weißen Felder ein.

① Welcher Verein ist als einziges Gründungsmitglied der Bundesliga noch nie abgestiegen?
② Bei welchem Verein spielte Lukas Podolski zum ersten Mal in der Bundesliga?
③ Welcher Bundesligaverein kommt aus der Landeshauptstadt Baden-Württembergs?
④ Die Weser fließt durch die Stadt des Vereins …
⑤ Franz Beckenbauer ist Ehrenpräsident von …
⑥ Aus der Hauptstadt Deutschlands kommt …
⑦ Wer gewann die Meisterschaft 2011/2012?
⑧ Welche Mannschaft kommt aus Niedersachsen?
⑨ Welcher Verein schaffte es, direkt nach dem Aufstieg 1997/1998 Deutscher Meister zu werden?
⑩ Diese Zweitligamannschaft spielt für die Landeshauptstadt von Sachsen.

> **TIPP**
> Manche Vereine werden hier mit Zahlen und Abkürzungen geschrieben.
> „FC" steht zum Beispiel für „Fußball Club".

Lösungswort:

Woher kommen die Vereine? (1)

Unten auf den Ausschneidekarten siehst du die Namen von einigen Fußballvereinen. Diese spielen häufiger in der ersten Bundesliga.

Doch in welcher Stadt fallen genau die Tore?
Im Vereinsnamen ist meistens die Stadt versteckt, in der der Verein spielt.

① **Schneide die Kärtchen (siehe unten) mit den Namen der Vereine aus. Lege sie an die Stelle in der Deutschlandkarte, wo die Stadt in etwa liegt. Nimm einen Atlas zur Hilfe.**

② **Ergänze auf der Karte weitere Vereine, die du kennst.**

③ **Welche Städte haben mehrere Vereine in der ersten und zweiten Bundesliga? Suche im Internet. Schreibe sie auf.**

_____

_____

④ **Welches Bundesland hat die meisten Vereine in der ersten und zweiten Bundesliga?**

_____

⑤ **Welche Bundesländer haben keine Vereine in der ersten und zweiten Bundesliga?**

_____

_____

Werder Bremen	Hertha BSC Berlin	Bayer Leverkusen
Bayern München	VFB Stuttgart	1. FC Köln
Hamburger SV	FC Schalke 04	Borussia Dortmund
Dynamo Dresden	1. FC Nürnberg	Eintracht Frankfurt
SC Freiburg	VFL Wolfsburg	Hannover 96
Bor. Mönchengladbach	1. FC Kaiserslautern	1. FSV Mainz

Woher kommen die Vereine? (2)

Wo fand die WM statt? (1)

Nimm bei diesen Aufgaben deinen Atlas zu Hilfe.

Wähle zwei Aufgaben aus und bearbeite sie.

– Male auf der Weltkarte die Länder grün an, in denen die Fußball-WM schon einmal stattgefunden hat.

– Zeichne in die Länder der Weltmeister einen kleinen Strich und den Namen des Landes.

– Schaue dir die Tabelle unten auf der Seite an. Auf welchen Kontinenten fand die Weltmeisterschaft wie oft statt? Erstelle eine kleine Tabelle wie rechts.

Kontinent	Anzahl Weltmeisterschaften
Asien	
Südamerika	
Nordamerika	
Afrika	
Europa	
Australien Ozeanien	

– Schaue dir die Tabelle unten auf der Seite an. Auf welchem Kontinent befinden sich die Länder mit den meisten gewonnenen Weltmeisterschaften? Erstelle eine kleine Tabelle wie rechts.

Kontinent	Anzahl Weltmeistertitel
Asien	
Südamerika	
Nordamerika	
Afrika	
Europa	
Australien Ozeanien	

Jahr	Austragungsland	Weltmeister
1930	Uruguay	Uruguay
1934	Italien	Italien
1938	Frankreich	Italien
1950	Brasilien	Uruguay
1954	Schweiz	Deutschland
1958	Schweden	Brasilien
1962	Chile	Brasilien
1966	England	England
1970	Mexiko	Brasilien
1974	Deutschland	Deutschland
1978	Argentinien	Argentinien
1982	Spanien	Italien
1986	Mexiko	Argentinien
1990	Italien	Deutschland
1994	USA	Brasilien
1998	Frankreich	Frankreich
2002	Südkorea & Japan	Brasilien
2006	Deutschland	Italien
2010	Südafrika	Spanien

Wo fand die WM statt? (2)

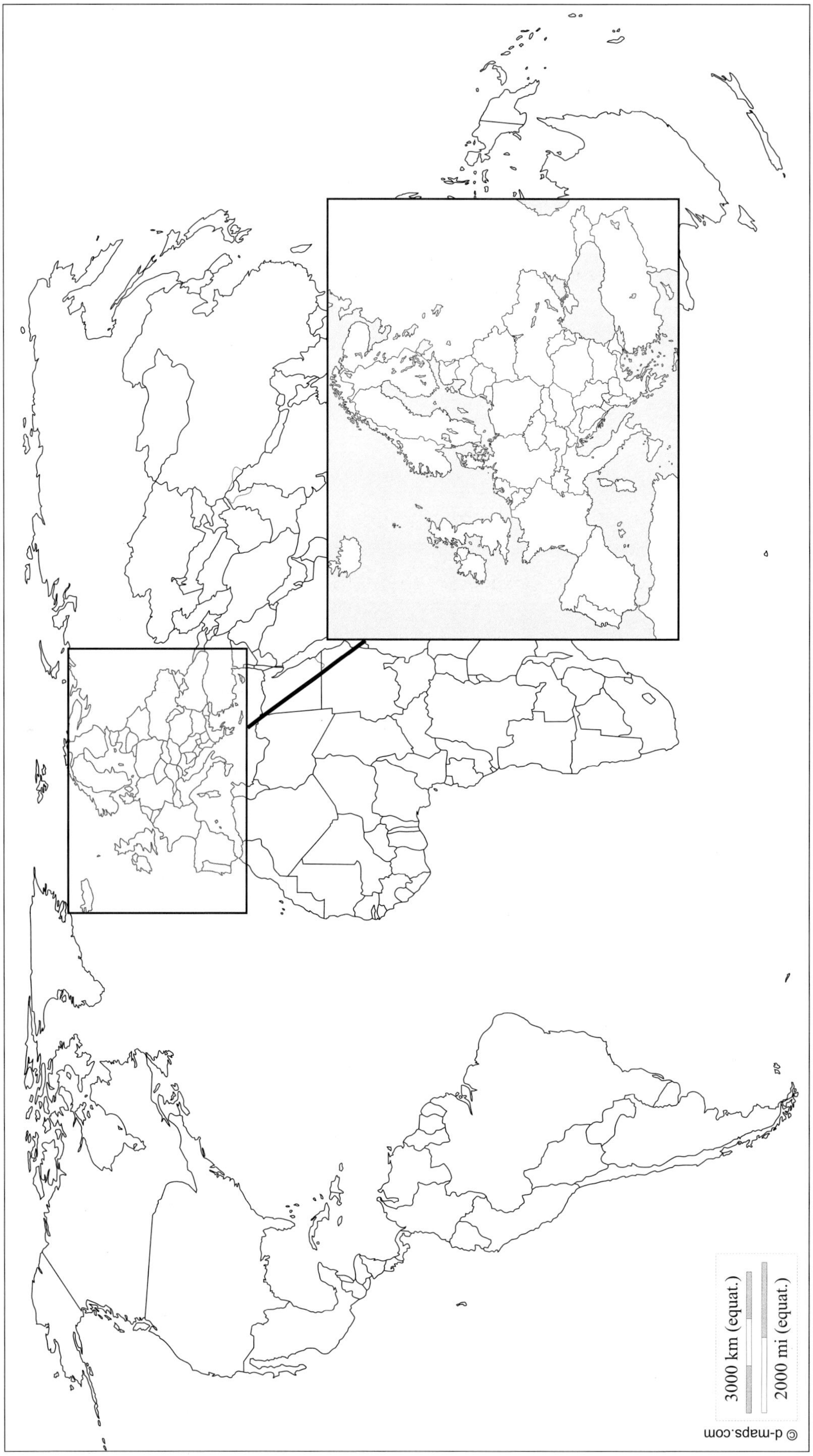

Wo findet die WM statt?

Beantworte die Fragen und löse die Aufgaben auf einem leeren Blatt.

Nutze dafür das Internet und deinen Atlas.

① Wie heißt das Land, in dem die nächste Fußballweltmeisterschaft stattfindet?

② Zeichne den Umriss des Landes.

③ Male die Flagge des Landes klein darüber.

④ Wie heißen die Nachbarländer des Landes?
Trage den Namen an die richtige Stelle in der Karte ein.

⑤ Wie heißt die Hauptstadt des Landes?
Zeichne die Lage der Stadt in die Karte mit einem roten Punkt ein.
Schreib den Namen dazu.

⑥ In welchen Städten finden die Spiele statt?
Zeichne die Lage der Städte in die Karte mit einem kleinen schwarzen Punkt ein.
Schreib den Namen dazu.

⑦ Wie heißen die größten Flüsse des Landes?
Trage die Flussverläufe und die Namen in die Karte ein.

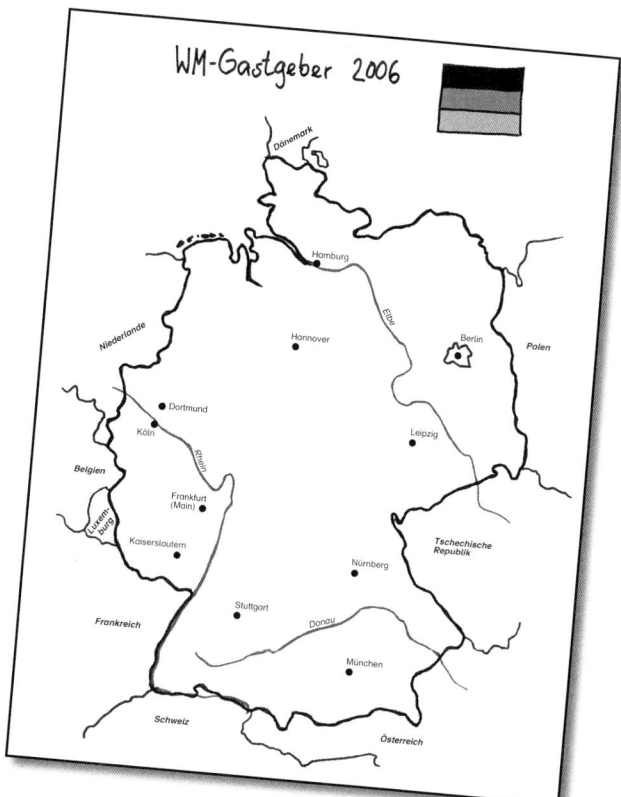

Lukas Jansen: Lernwerkstatt Rund um den Fußball
© Persen Verlag

Eigenen Fangesang schreiben

Fangesänge werden während eines Fußballspiels gesungen.
Die Fans wollen damit einzelne Spieler oder ihren Fußballclub anfeuern.
Gelegentlich werden sie auch gesungen, um die gegnerische Mannschaft zu hänseln oder nur eine Geräuschstimmung zu erzeugen.

Manchmal entwickelt sich so ein Fangesang ganz spontan. Die Fans reagieren damit auf ein Ereignis auf dem Spielfeld. Oft überlegen sich vorher Fanclubs, was sie im Stadion singen können.

Damit man sich die Fangesänge leicht merken kann, muss der Gesang einfach sein und sich leicht ohne Pause wiederholen lassen.
Häufig werden auch Melodien von Popsongs oder Volkslieder genommen und neue Texte darauf gesungen.

Nun bist du dran.

Schreibe einen eigenen kurzen Fangesang zu deinem Lieblingsverein.

Du kannst gern dein Lieblingslied umtexten.

Für Ideen schaue auch in Fußball-Lexikon.

Beispiel

Ja, es ist wieder Spieltag,

und wir sind mit dabei.

Wir singen euch zum Sieg,

sind euer zwölfter Mann.

Schon stürmt ihr nach vorne

und dann:

Traumpass, Kunstschuss, Toooor!

Die Nationalhymne von Deutschland

Vor jedem Fußball-Länderspiel werden die Nationalhymnen der Länder der beiden beteiligten Mannschaften gespielt.

Einige Fußballer singen die Hymne ihres Landes mit, andere wiederum hören sie sich lieber schweigend an.

So wird auch jedes Mal, wenn die deutsche Nationalmannschaft ein Fußball-Länderspiel bestreitet, die deutsche Nationalhymne gespielt.

① **Beantworte die Fragen mithilfe eines Lexikons oder recherchiere im Internet.**

a) Wer komponierte die Melodie der deutschen Nationalhymne? _____

b) Von wem stammt der Text der deutschen Nationalhymne? _____

Deutsche Nationalhymne

Ei - nig - keit und Recht und Frei - heit für das deut - sche Va - ter - land!
Da - nach lasst uns al - le stre - ben, brü - der - lich mit Herz und Hand

Ei - nig - keit und Recht und Frei - heit sind des Glü - ckes Un - ter - pfand:

Blüh im Glan - ze die - ses Glü - ckes, blü - he deut - sches Va - ter - land!

② **Suche dir Wörter aus der Nationalhymne, die du schwer verständlich oder interessant findest. Erkläre deren Bedeutung.
Du kannst auch deine Eltern oder Großeltern befragen.**

_____

_____

_____

Das ist mein Fußball!

Entwirf einen Fußball nach deinem eigenen Geschmack.

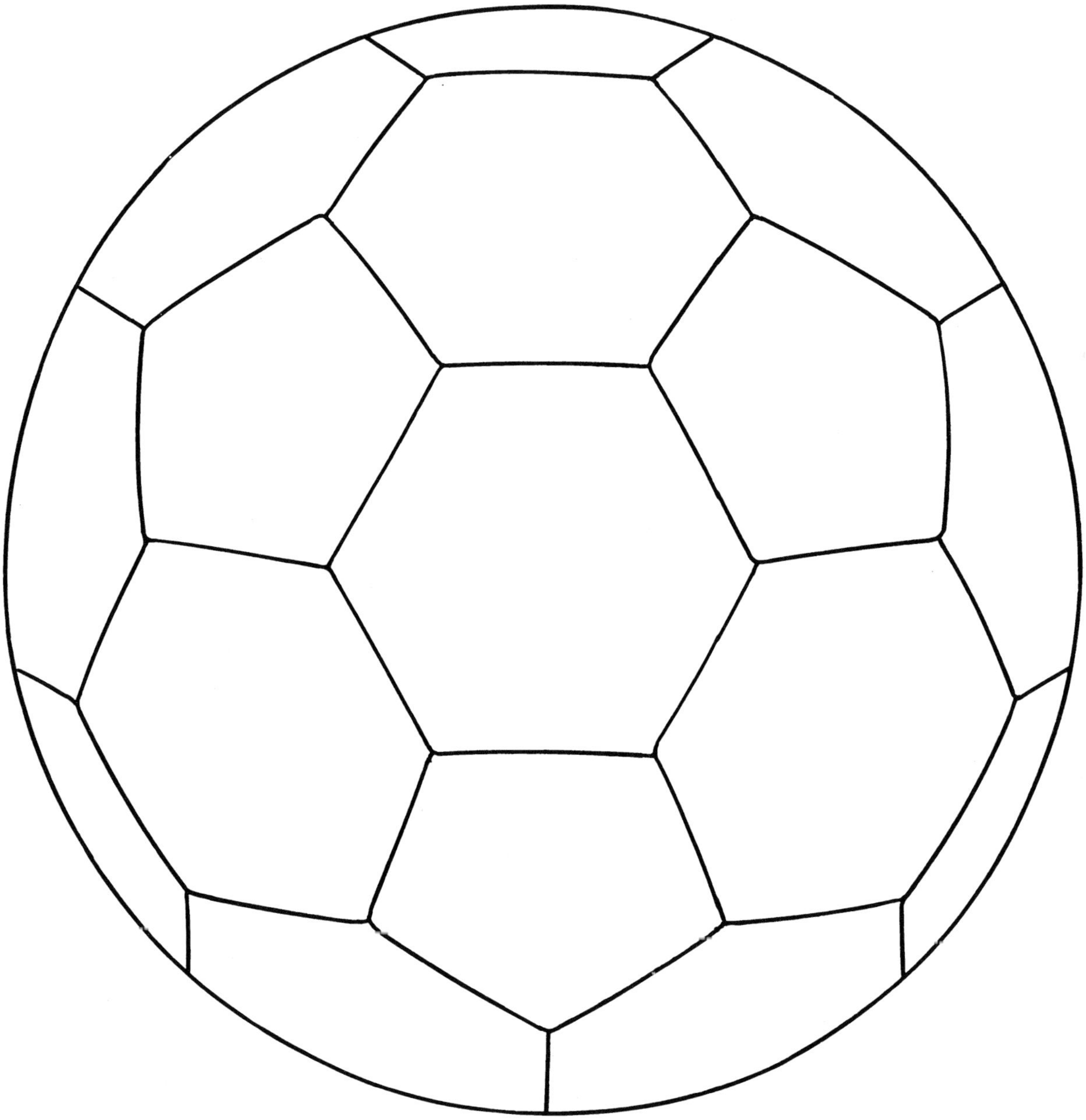

Eine eigene Eintrittskarte gestalten

Die Eintrittskarten für Fußballspiele sind häufig ganz besonders kunstvoll gestaltet.
Meistens ist das Vereinslogo der Heimmannschaft zu finden.
Auf jeden Fall steht immer darauf, auf welcher Tribüne der Karteninhaber steht oder auf welchem Platz er sitzt.
Auf der Vorderseite findest du natürlich Informationen über den Gegner – und das Datum des Spiels.
Auf der Rückseite ist häufig ein Stadionplan mit den Namen der Tribünen abgedruckt, damit man schnell seinen Platz findet.

Gestalte deine eigene Eintrittskarte zu deinem Traumspiel!
Nutze dabei die beiden Kästen als Vorder- und Rückseite.

Material
Stifte, Malkasten oder Wachsmalstifte

Mein Fußballshirt

Gestalte dein eigenes Fußballshirt in dieser Vorlage.

Material
Buntstifte, Filzstifte oder Wachsmalstifte

Statt es nur zu zeichnen, kannst du ein richtiges Fußball-T-Shirt auch selber herstellen.

Material
Ein weißes T-Shirt, sowie Textilfarbe und Stoffmalstifte in den Farben deiner Wahl

1. Färbe zuerst das weiße T-Shirt mit der Textilfarbe ein.
2. Zeichne dann mit den Stoffmalstiften das Vereinslogo und den Namen auf das T-Shirt.

Achtung!
Färbe die T-Shirts nur unter Aufsicht deiner Eltern oder deiner Lehrer ein.

Vermeide Fehler!
Für Stoffmalstifte gibt es keine Radierer oder Tintenkiller.

Fußball – Medaillen und Pokal (1)

In Kürze findet das alljährliche Fußballturnier deines Sportvereins statt. Einen Tag vor dem großen Ereignis stellt dein Trainer erschrocken fest, dass er vergessen hat, Medaillen für die Sieger zu bestellen.

Material
Papier, Schere, Klebstoff, Locher, fester Karton, buntes Band

Deine Aufgabe ist es nun, eine Medaille für den ersten Platz zu basteln:

1. Gestalte deine Wunschmedaille auf einem Blatt Papier.
2. Schneide die Vorlagen unten aus und klebe eine Seite auf festen Karton.
3. Schneide auch den Karton entsprechend aus.
4. Klebe die andere Seite der Medaille auf die unbeklebte Rückseite.
5. Stanze ein Loch oben in die Medaille.
6. Ziehe das Band durch das Loch und verknote die Enden.

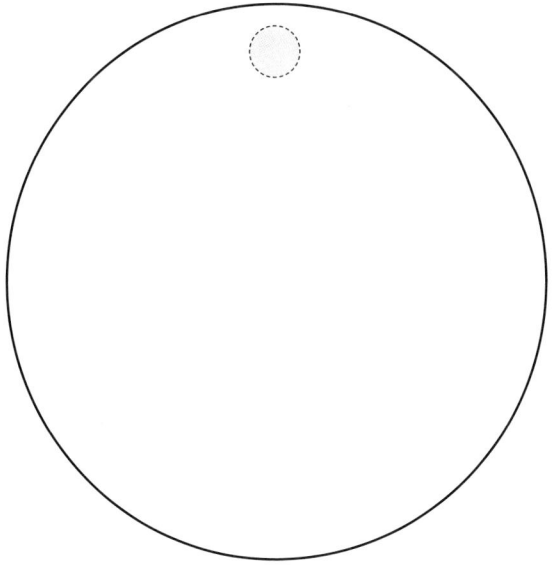
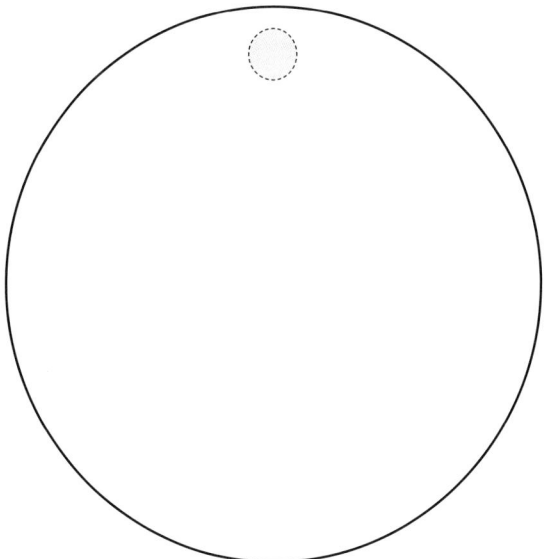

Fußball – Medaillen und Pokal (2)

Zu allem Überfluss hat dein Trainer vergessen, wohin er den Wanderpokal vom letzten Jahr gestellt hat. Eure Hilfe ist auch hier gefragt.

Material
2 Pappbecher, Tapetenkleister, Zeitungspapier, Gold- oder Silberfolie, Schere, Silberband

Gestaltet zu zweit einen Pokal für das Fußball-Turnier.

1. Klebt beide Pappbecher mit den Böden zusammen.
2. Zerreißt das Zeitungspapier in kleine Schnipsel. Rührt den Tapetenkleister nach Packungsanweisung an. Bestreicht die Papierschnipsel mit dem Kleister und klebt sie von außen und innen auf die Becher.
3. Sobald der Klebstoff getrocknet ist, beklebt die Becher mit der Gold- oder Silberfolie.
4. Gestaltet jetzt die Plakette für euren Pokal. Schneidet hierfür die Vorlage unten aus.
5. Befestigt diese dann mithilfe des Silberbandes am Pokal.

Mit dem Computer malen

Hier sollst du mit dem Computer Zeichnungen zum Thema „Fußball" erstellen.

1. Starte den Computer.

2. Öffne ein Zeichenprogramm.

3. Gestalte am Computer folgende Kleidungsstücke eines Fußballers:
   - ein Fußball-Trikot
   - eine Hose
   - Schuhe

4. Zeichne ein Vereinslogo.

5. Speichere deine Zeichnungen ab.

6. Drucke sie aus und klebe sie in deine Mappe oder in dein Heft.

TIPP
Du kannst dich bei dem Entwurf der Kleidungsstücke an den folgenden Zeichnungen orientieren.

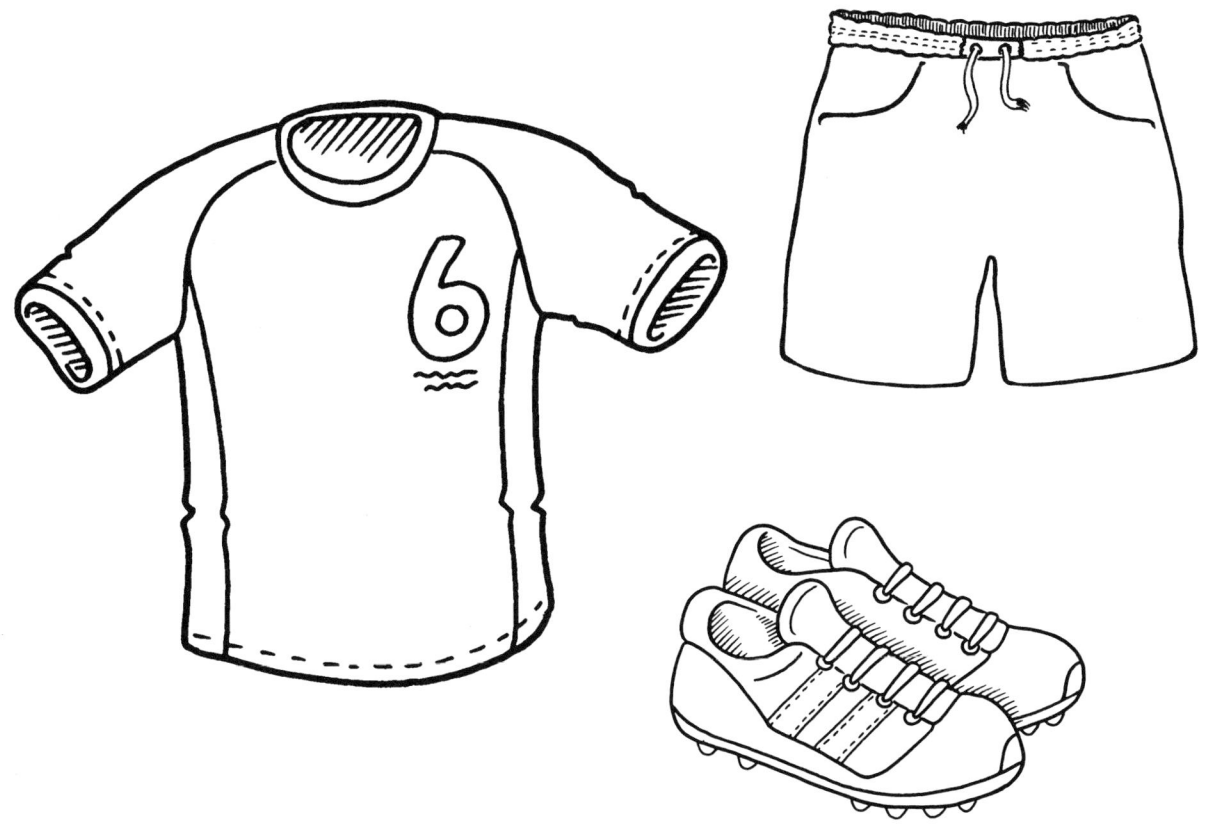

Die Fußball-Collage

Material
Stifte, Malkasten oder Wachsmalstifte, viele Fußballseiten aus Zeitungen und Magazinen, ein Bogen Tonpapier, Klebestifte

Gestalte eine Collage zum Thema Fußball.

Schneide für deine Collage passende Bilder aus den Fußballzeitungen aus.

Klebe die Ausschnitte auf dem Tonpapier so zusammen, dass daraus ein Fußballgegenstand entsteht: So kannst du aus den Zeitungsausschnitten zum Beispiel ein Tor, ein Fußball oder ein Pokal gestalten.

Das Tonpapier soll ganz bedeckt werden. Die Papierstücke können übereinander lappen. Du kannst nachträglich auch die Zeitungsausschnitte farbig anmalen.

> Eine Collage ist ein aus verschiedenen Materialien wie z. B. Papier oder Karton zusammengeklebtes Bild.

Traum-Mannschaft

Stelle hier deine Traum-Mannschaft zusammen.

Du kannst die Spieler malen oder Bilder von ihnen einkleben.
Schreibe den Namen dahinter.

Denk daran, dass du
- einen Torhüter,
- mehrere Abwehrspieler,
- mehrere Mittelfeldspieler und
- Stürmer haben musst.

Schreibe die Position der elf Spieler rechts neben den Spielernamen in Klammern.

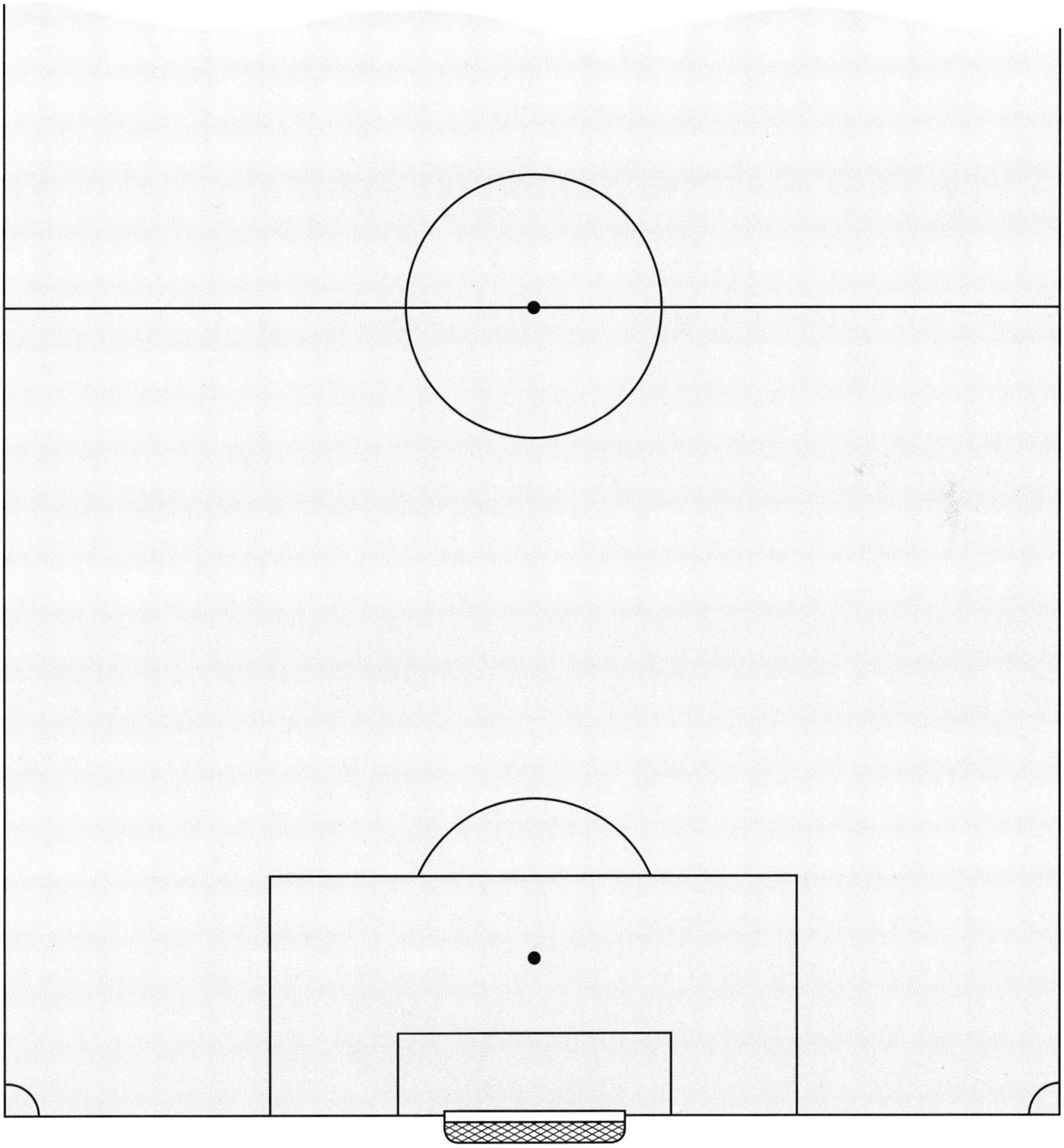

Fußball-Pokal

Du wurdest von der FIFA* ausgewählt, einen neuen WM-Fußball-Pokal zu gestalten. Den alten Pokal gibt es immerhin schon seit 1974 – Zeit einen neuen, modernen zu entwerfen.

Gestalte den neuen FIFA-WM-Pokal nach deinen Vorstellungen.

---

* FIFA (französisch = *Fédération Internationale de Football Association*, deutsch = Internationale Föderation des Verbandsfußballs)

Fußballer-Stabpuppe (1)

Auf dem Spielfeld tragen Fußballerinnen und Fußballer eine besondere Bekleidung. Alle Spieler einer Mannschaft haben die Bekleidung in den gleichen Farben. So wissen die Spieler auch aus der Ferne, wer auf dem Spielfeld ein Mitspieler ist. Nur der Torwart hat eine etwas andere Bekleidung, damit der Schiedsrichter ihn besser erkennt.

Jeder Spieler trägt ein Trikot und kurze Hosen.
Die Fußballer haben zudem lange Strümpfe in den Farben des Trikots. Unter den Strümpfen tragen sie Schienbeinschoner.
Natürlich tragen die Fußballer auch besondere Schuhe. Diese haben Stollen unter der Schuhsohle. Mithilfe dieser Stollen rutschen sie auf dem Rasen nicht so schnell aus.
Der Torwart darf etwas Besonderes tragen: Torwarthandschuhe, damit er die Bälle besser fangen kann.

Gestalte einen Spieler mit deiner Wunschbekleidung. Male dafür die Kleidungsstücke (Vorder- und Rückseite) an.

Material
einen (weichen) Bleistift, Pergamentpapier (Butterbrotpapier), weißen Tonkarton, einen schwarzen Filzstift, eine Schere, einen Holzstab, Klebestreifen, Klebestift

1. Lege ein Pergamentpapier auf die Vorlage und male mit einem (weichen) Bleistift den Fußballer nach. Fahre dann noch einmal mit dem Bleistift alle Linien nach.

2. Lege dann das Pergamentpapier mit der Bleistift-Seite auf den Tonkarton. Fahre nun mit dem Bleistift die Linien fest nach. So kannst du den Fußballer auf den Tonkarton „drucken". Zeichne mit einem schwarzen Filzstift die Linien nach. Mach dies ein weiteres Mal. Damit erhältst du die Rückseite der Figur.

3. Schneide die Teile aus dem Tonkarton aus.

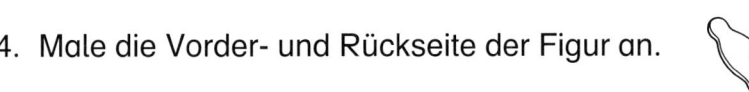

4. Male die Vorder- und Rückseite der Figur an.

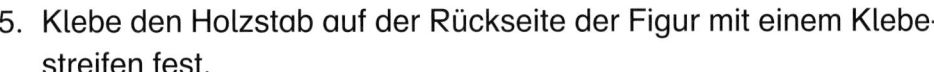

5. Klebe den Holzstab auf der Rückseite der Figur mit einem Klebestreifen fest.

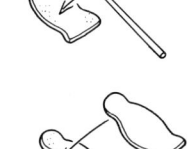

6. Nun klebst du mit einem Klebestift die zweite Seite der Figur auf die erste Seite auf. Die angemalten Seiten müssen zu sehen sein.

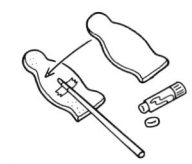

Fußballer-Stabpuppe (2)

Football domino

(stadium stands)	football	(soccer ball)	goal
(goal)	stadium	(stadium)	team
(team)	coach	(referee)	referee
(man with whistle)	bench	(bench)	captain's armband
(goalkeeper)	goalkeeper	(player handling ball)	handball
(girl with ball in hands)	red card	(hand holding card)	penalty
(goal with player)	linesman	(linesman with flag)	throw-in
(player throwing in)	shot	(player kicking ball)	terrace

Football words

There are 10 football words in the grid. Can you find them?

W	T	B	N	P	O	R	W	T	F	G	V	U	M	N
P	F	O	O	T	B	A	L	L	B	H	J	I	K	L
P	B	F	D	E	T	R	E	S	D	G	H	I	G	C
O	K	M	V	G	F	R	T	S	H	J	P	L	M	H
J	P	B	I	B	E	C	G	O	A	L	Z	C	F	A
U	A	F	C	D	E	R	T	C	V	F	D	U	O	M
W	S	Y	T	I	K	O	L	C	M	H	B	N	M	P
M	S	G	O	I	K	G	H	E	Z	R	T	R	E	I
E	F	R	R	T	Z	G	C	R	B	G	D	R	T	O
H	G	B	Y	W	R	O	P	H	B	M	N	B	E	N
E	R	V	G	O	F	F	S	I	D	E	J	O	N	B
H	V	E	T	F	A	R	W	E	A	G	V	G	I	O
J	K	N	M	A	F	R	E	F	E	R	E	E	V	U
A	E	G	Z	U	B	H	K	L	M	N	B	H	U	Z
U	C	U	P	H	J	O	F	O	R	W	A	R	D	Y

Write down the words here.

_____

_____

_____

_____

_____

| CUP | SOCCER | FOOTBALL | VICTORY | FORWARD |
| GOAL | OFFSIDE | CHAMPION | REFEREE | PASS |

Football logical

Emily, Alice and Megan are football players.

Read the text carefully and fill in the chart.

Player	Emily	Alice	Megan
Colour of football **shirt**			
Colour of football **shorts**			
Colour of football **shoes**			

1. One player wears red shorts and brown shoes.
2. One player has got a green shirt and black shoes.
3. The player on the right wears a brown shirt.
4. The player with blue shorts and blue shoes stands next to the player with black shoes.
5. The player with a red shirt stands next to the player with a brown shirt.

vocabulary		
to wear – tragen	on the right – rechts	next to – neben

Find the right picture …

Find the right picture. Draw lines.

- terrace
- goal
- captain's armband
- shooting
- throw-in
- handball
- linesman
- goalkeeper
- bench
- team
- penalty
- coach
- referee
- football
- red card
- stadium

Fußball-Jäger

Ablauf:
Ein Spielfeld wird zuerst durch Hütchen markiert. In diesem Spielfeld stehen Anfangs alle Schüler. Einer der Schüler ist der Jäger und versucht, die anderen im Spielfeld herumlaufenden Schüler mit einem Softball abzuschießen. Nur Beintreffer zählen! Die Spieler, die abgeschossen wurden, müssen sich in das Außenfeld begeben und hinsetzen. Wenn einer der sitzenden Spieler von einem im Spielfeld gejagten Schüler berührt wird, darf er sich wieder in das Spielfeld begeben und mitspielen. Schafft es der Jäger, alle Schüler aus dem Spielfeld zu schießen?

Differenzierung:
Es können mehrere Jäger gleichzeitig auf Jagd gehen. Das Spielfeld kann vergrößert oder verkleinert werden.

Fußball-Kreis

Ablauf:
Die Schüler stellen sich im Kreis auf. Sie fassen sich entweder an die Hände oder halten sich an ein zusammengebundenes Seil. Die Schüler gehen nun ohne zu stoppen im Uhrzeigersinn im Kreis und passen sich dabei einen Fußball zu. Der Ball darf den Kreis nicht verlassen und das Seil oder die Nebenmänner dürfen nicht losgelassen werden. Wie viele Pässe schafft die Mannschaft am Stück?

Differenzierung:
Der Kreis dreht sich nicht. Es gibt mehrere Bälle, die gleichzeitig gepasst werden müssen. Im Kreis befindet sich ein Schüler, der die Pässe stoppen darf.

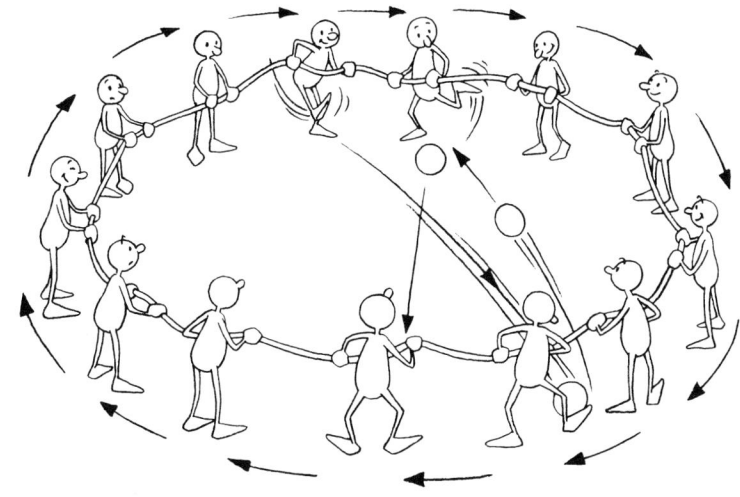

Würfel-Ball

Ablauf:
Zwei ungefähr gleich große Mannschaften gehen zusammen. Die Mannschaften spielen mit einem Schaumstoffwürfel Fußball. Dabei hat jede Mannschafft ein oder zwei kleine Tore (Kästen oder Handballtore). Bei einem Tor erhält die erzielende Mannschaft Punkte gemäß der oben angezeigten Augenzahl des Würfels. Bei mindestens 15 Punkten ist das Spiel beendet.

Differenzierung:
Die zu erreichende Punktezahl wird verringert/erhöht.

Fußball-Kegeln

Ablauf:
Zwei ungefähr gleich große Gruppen gehen zusammen. Jede Gruppe erhält eine Spielfeldhälfte eines Volleyballfeldes, in der sie sich bewegen darf. Jede Gruppe erhält 5 Bälle. Sie muss versuchen, die gegnerischen Kegel, die auf der Grundlinie der anderen Mannschaft aufgereiht sind, umzuschießen. Die Gruppe darf dabei die Schüsse mit allen Körperteilen bis auf Arme und Hände abwehren. Es gewinnt die Mannschaft, die als Erste alle Kegel der anderen Mannschaft abgeschossen hat.

Differenzierung:
Die Ballanzahl wird verringert/vergrößert.
Die Kegelanzahl wird verringert/vergrößert.

Ballbeweger

Ablauf:
Auf vier kleine Kästen werden vier Langbänke gestellt, sodass sie ein Quadrat bilden. Die Langbänke bilden die Tore. Auf jeder Seite des Quadrats steht ein Schüler mit zwei bis vier Bällen. Nachdem das Startsignal gegeben wurde, müssen die Schüler versuchen, ihre Bälle gegen einen in der Quadratmitte liegenden Basketball zu schießen und den Basketball somit gegen eines der gegnerischen Tore zu bewegen. Wenn der Ball eine Bank berührt, erhalten alle Spieler, denen die Bank nicht gehörte, einen Punkt. Sieger ist, wer zuerst 7 Punkte erreicht.

Differenzierung:
Mehrere Spieler stehen hinter einer Bank.

Hand- und Fuß-Ball

Ablauf:
Die Schüler spielen Fußball auf zwei Tore. Direkte Schüsse oder Pässe sind aber verboten. Bevor sie passen oder schießen, müssen sie den Ball mit der Hand stoppen und erst danach schießen. Der den Ball stoppende Schüler zeigt durch das Heben der anderen Hand an, dass er nicht angegriffen werden darf.

Fußballregeln (1)

Beim Fußball gibt es viele Regeln. Hier sind die wichtigsten zusammengefasst.

1. Ein Schiedsrichter überwacht, ob die Spielregeln eingehalten werden. Er pfeift das Spiel an und achtet auf die Spielzeit. Die Spielzeit beträgt zwei mal 45 Minuten. Dazwischen gibt es eine 15 Minuten lange Halbzeitpause.

2. Zwei Mannschaften spielen gegeneinander. Bei Spielbeginn hat jede Mannschaft immer die gleiche Anzahl an Spielern. Es sind jeweils bei den Erwachsenen elf Spieler. Dabei ist ein Spieler jeder Mannschaft der Torwart.

3. Der Schiedsrichter wirft zu Beginn des Spiels eine Münze. Die Mannschaft, die den Münzwurf gewinnt, darf die Platzhälfte wählen. Die andere Mannschaft bekommt den Anstoß. Nach der Halbzeitpause werden die Seiten gewechselt. Die Mannschaft, die bei Spielbeginn nicht den Anstoß hatte, darf nun die zweite Halbzeit anstoßen.

4. Ziel des Spiels ist es, den Fußball in ein gegnerisches Tor zu schießen. Jeder Treffer zählt als Tor. Das Tor gilt nur, wenn der Ball die Linie zwischen den Pfosten ganz überquert hat. Nach einem Tor erhält die Mannschaft einen Anstoß, die nicht das Tor geschossen hat.

5. Der Torwart darf als einziger Spieler den Ball auch mit der Hand spielen. Dies darf er aber nur im Strafraum und nicht auf dem ganzen Feld. Alle anderen Spieler dürfen die Hand und den gesamten Arm bis zur Schulter nicht nutzen, um den Ball zu bewegen.

6. Bei Regelverstößen kann der Schiedsrichter das Spiel unterbrechen. Regelverstöße sind Handspiel, unsportliches Verhalten wie Treten, Schlagen und Rempeln (auch Foul genannt) oder das Beschimpfen des Schiedsrichters oder anderer Spieler.

7. Bei den Regelverstößen gibt es folgende Strafen: Freistoß für die gefoulte Mannschaft, Elfmeter für die gefoulte Mannschaft, gelbe Karte (Verwarnung) und rote Karte (Platzverweis).

8. Überquert der Ball mit vollem Umfang die Seitenauslinie, erhält die Mannschaft, die nicht als letzte am Ball war, einen Einwurf. Überquert der Ball mit vollem Umfang die Torauslinie gibt es Abstoß oder Eckball.
Eckball: Die verteidigende Mannschaft hat zuletzt den Ball berührt, bevor er ins Toraus ging.
Abstoß: Die angreifende Mannschaft hat zuletzt den Ball berührt, bevor er ins Toraus ging.

Fußballregeln (2)

Kreuze die richtigen Antworten an.

① Es zählt als Tor, wenn …
- [ ] der Ball die Linie zwischen den Pfosten berührt.
- [ ] der Ball die Linie zwischen den Pfosten im vollen Umfang überquert.

② Die zwei Mannschaften haben bei Spielbeginn immer …
- [ ] gleich viele Spieler auf dem Spielfeld.
- [ ] unterschiedlich viele Spieler auf dem Spielfeld.

③ Den Ball im Strafraum mit der Hand spielen darf …
- [ ] jeder Spieler.
- [ ] nur der Torwart.

④ Die Spielzeit beträgt …
- [ ] zwei mal 30 Minuten.
- [ ] zwei mal 45 Minuten.

⑤ Verwarnung und Platzverweis nennt man auch …
- [ ] gelbe Karte und rote Karte.
- [ ] Foul und Elfmeter.

⑥ Eckball gibt es …
- [ ] wenn die angreifende Mannschaft zuletzt den Ball berührt hat, bevor er ins Toraus ging.
- [ ] wenn die verteidigende Mannschaft zuletzt den Ball berührt hat, bevor er ins Toraus ging.

⑦ Abstoß gibt es …
- [ ] wenn die verteidigende Mannschaft zuletzt den Ball berührt hat, bevor er ins Toraus ging.
- [ ] wenn die angreifende Mannschaft zuletzt den Ball berührt hat, bevor er ins Toraus ging.

⑧ Wenn der Ball in vollem Umfang die Seitenauslinie überquert hat, bekommt die Mannschaft einen Einwurf, die …
- [ ] zuletzt den Ball berührt hat, bevor er ins Seitenaus ging.
- [ ] nicht zuletzt den Ball berührt hat, bevor er ins Seitenaus ging.

⑨ Wer den Münzwurf gewinnt,
- [ ] erhält den Anstoß zur ersten Halbzeit.
- [ ] darf die Platzhälfte wählen, auf der sie beginnt.
- [ ] hat zu Beginn der zweiten Halbzeit Anstoß.

Extra:
Eine wichtige Regel fehlt noch: Schaffst du es, die Abseitsregel zu erklären?

Lösungen

Fußball-Wimmelbild (Seite 15)

1. Nein, es sind nur noch sieben Spieler auf dem Platz.
2. Es sind drei Bälle auf dem Spielfeld.
3. Ein Tor wird gerade vom Spielfeld getragen.
4. Er pfeift und hält eine Karte hoch.

Fußball-ABC (Seite 33)

Abseits, Angriff
Ball, Ballverlust
Coach
Doppelpass, Deckung
Einwurf, Eigentor
Foul, Flanke
Gegentor
Halbzeit, Handspiel
Innenpfosten
Joker
Konter, Kopfball
Latte, Lupfer
Mittelfeld
Nachspielzeit
Offensiv
Pass, Pfosten
Querpass
Reservespieler
Stürmer, Strafstoß
Tor, Trainer
Unentschieden
Verein
Wettkampf
Zweikampf

Wer macht was auf dem Spielfeld – Spielerpositionen (3) (Seite 37)

	Torwart	Abwehrspieler	Mittelfeldspieler	Stürmer
Was ist die Aufgabe der Spielerposition?	– soll verhindern, dass ein Ball ins Tor gelangt	– soll gegnerische Spieler daran hindern, ein Tor zu schießen	– soll Angriffe der Gegner stören und frühzeitig verhindern – als Spielmacher Angriffe vorbereiten oder selbst Tore schießen	– soll Tore schießen
Wo spielt der entsprechende Spieler?	– in Tornähe, hauptsächlich im Strafraum	– in der Nähe des eigenen Tores – häufig direkt vor dem eigenen Torwart	– zwischen den Abwehrspielern und den Stürmern – vor der Abwehr, in der Spielfeldmitte oder links und rechts an den Seiten	– vorrangig in der gegnerischen Hälfte, auch an den Außenseiten
Welche Arten der Spielerposition gibt es?		– Außenverteidiger – Innenverteidiger	– defensiver Mittelfeldspieler – zentraler Mittelfeldspieler – offensiver Mittelfeldspieler – Außenmittelfeldspieler	– Außenstürmer – Mittelstürmer – Stoßstürmer
Welche besondere Regel gibt es für diese Spielerposition?	– darf im 5-Meter-Raum nicht behindert werden – muss sich beim Elfmeter auf der Torlinie befinden			

⚽ Ein spannendes Spiel (Seite 38)

a) ☒ einem Heimspiel.
b) ☒ den TSV Dorfkirchen an.
c) ☒ einen Schokoladenriegel geschenkt.
d) ☒ gewinnen das Spiel.
e) ☒ seiner Oma

Teste dein Fußballwissen (Seite 40)

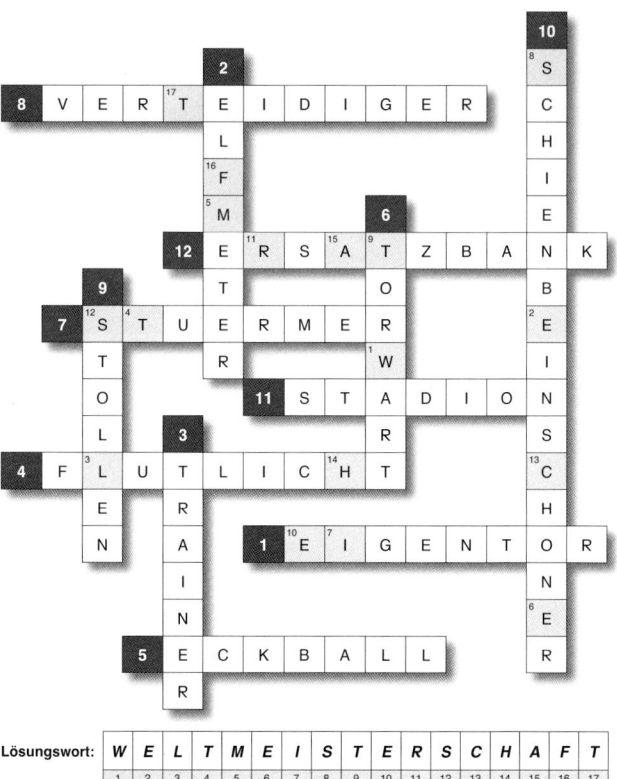

Lösungswort: WELTMEISTERSCHAFT

Fußball-Suchsel (Seite 42)

F	J	J	V	E	R	T	E	I	D	I	G	E	R	L
L	A	T	H	R	C	Z	I	L	S	I	Z	E	P	M
R	N	N	O	S	E	C	K	B	A	L	L	I	T	I
Y	S	O	H	V	S	O	B	A	C	C	M	P	A	T
I	T	E	A	D	L	O	M	A	F	S	V	S	R	T
S	O	V	N	O	R	O	T	P	S	E	U	D	E	E
O	S	P	D	F	R	E	I	S	T	O	S	S	F	L
T	S	L	S	K	C	E	A	J	U	I	N	J	M	F
O	E	T	P	G	K	O	N	T	E	R	T	H	X	E
R	F	P	I	I	R	A	A	F	R	L	A	T	A	L
W	X	Q	E	D	M	D	R	J	M	M	K	A	J	D
A	L	B	L	T	A	F	K	K	E	E	D	J	T	W
R	W	R	G	R	M	O	Y	E	R	Y	R	O	P	B
T	P	E	S	T	G	U	D	N	J	W	E	F	U	I
V	R	S	Z	E	E	L	F	M	E	T	E	R	I	H

⚽⚽ Ein spannendes Spiel (Seite 39)

1. Der Elfmeter wird in der 65. Spielminute (20 Minuten nach Beginn der zweiten Halbzeit) gegeben.
2. Der TSV Dorfkirchen schießt das erste Tor.
3. Zur Halbzeit steht es 1:0 für den TSV Dorfkirchen.
4. Nach einer Ecke erzielt ein Spieler aus Dorfkirchen den Siegtreffer.

Lösungen

Fußball-Reime (Seite 43)

① Das Stadion ist voll besetzt,
die Spieler kommen auf den Platz gehetzt.
Der Trainer brüllt: „Los, weiter, vor!",
da fällt auch bald das erste Tor.
Nach einem Foul ist der Stürmer verletzt,
und wird dann auf die Bank gesetzt.
Die Fans fordern einen Elfmeter,
der Schiedsrichter schüttelt den Kopf und meint: „Vielleicht später!"
Zur Halbzeit ist noch nichts entschieden,
der Gegner hofft noch auf ein Unentschieden.
Dann trifft ein Spieler noch den Pfosten,
er ärgert sich: „Das wird uns den Sieg kosten!"
Das war dann auch der letzte Schuss,
der Schiedsrichter greift seine Pfeife: „Schluss!"

E-Mail an meinen Lieblingsspieler (Seite 45)

im Stadion
riesig
versenkt
Jubeln ... gefallen
Vater
nächsten
Autogrammkarte
Poster
Gruß

Fußballer-Weisheiten (Seite 49)

① a) Madrid liegt nicht in Italien, sondern in Spanien.
b) Kein Glück oder Pech zu haben, bedeutet das Gleiche.
c) Köpfe kann man nicht hochkrempeln.
d) Spricht man von zwei Personen, muss es „Duo" heißen.
e) „Nicht den Kopf in den Sand stecken" lautet es richtig.
f) Ein Jahr hat nur 12 Monate.
g) „Vielen Dank" sind zwei Wörter.

Das Stadion (Seite 52)

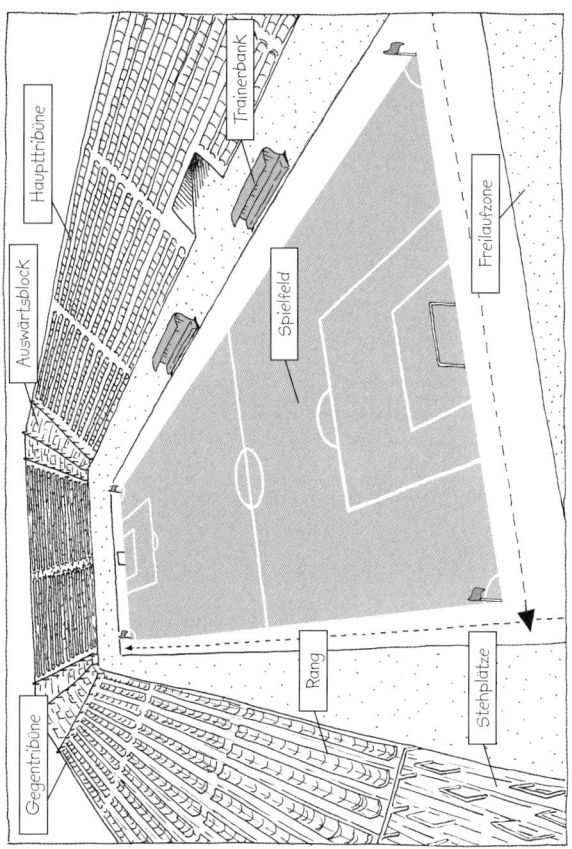

⚽ Der Stadionbesuch (Seite 54)

① Rechnung: 5 + 7 + 10 + 10 = 32
Antwort: Alle zusammen müssen 32 Euro bezahlen.

② Rechnung: 5 + 10 + 1 = 16
Antwort: Sie müssen 16 Euro bezahlen.

③ Rechnung: Getränke 1 + 2 = 3
Essen 3 + 2 = 5
Eintritt 5 + 10 = 15
3 + 5 + 15 = 23
Antwort: Sie müssen 23 Euro bezahlen.

④ Rechnung:
Zuerst den Eintritt abziehen: 10 − 5 = 5
Dann gibt es verschiedene Möglichkeiten, die 5 Euro auszugeben.
Beispiele:
Bratwurst und Cola: 3 + 2 = 5
Currywurst und Stadionmagazin: 2 + 2 + 1 = 5
Fischbrötchen, Cola und Apfelsaft:
2 + 2 + 1 = 5
Fischbrötchen und drei Apfelsaft:
2 + 1 + 1 + 1 = 5

Lösungen

⚽ ⚽ Der Stadionbesuch (Seite 53)

① Rechnung: 5 + 7 + 1 + 1 = 14
Antwort: Sie müssen 14 Euro bezahlen.

② a) Rechnung: 60 : 5 = 12
Antwort: Sie müssen mindestens 13 mal ins Stadion gehen, damit sich die Dauerkarte lohnt.

b) Einzeleintritte: 13 · 5 = 65
Ersparnis durch Dauerkarte: 65 – 60 = 5
Antwort: Mit der Dauerkarte sparen sie mindestens 5 Euro, wenn sie 13 mal ins Stadion gehen. Wenn sie mehr als 13 mal gehen würden, sparen sie noch mehr.

Geometrische Formen erkennen (Seite 55)

①

② a) 7 Rechtecke
b) 1 Kreis
c) 4 Halbkreise
d) 0 Quadrate

③ a) Längste Strecke: 10,5 cm
b) Kürzeste Strecke: 0,5 cm

Der Fußball ist eine Kugel (Seite 56)

①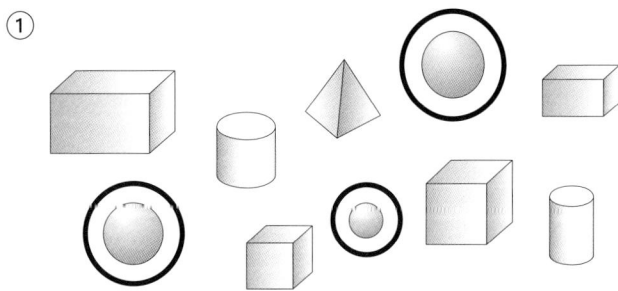

② Eine Kugel ist ein Körper und hat _0_ Kanten, _0_ Ecken und _1_ Fläche.

⑤
	richtig	falsch
Eine Kugel hat nur eine Fläche.	x	
Eine Kugel hat 8 Ecken.		x
Eine Kugel hat 4 Kanten.		x

Elfmeterstatistik (Seite 57)

① a) Carls König
b) Maria Schnellfuß
c) Maria Schnellfuß
d) Vera Müller

②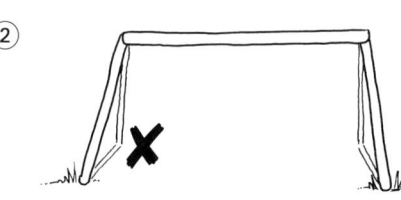

③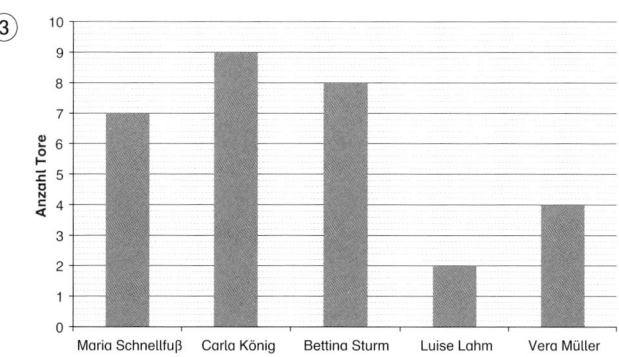

Fußball-Ergebnisse vergleichen (Seite 58)

Heim 4 > 3 Auswärts	Heim 7 > 3 Auswärts
Heim 2 > 1 Auswärts	Heim 2 = 2 Auswärts
Heim 6 > 5 Auswärts	Heim 6 < 9 Auswärts
Heim 7 < 8 Auswärts	Heim 7 > 4 Auswärts
Heim 6 > 3 Auswärts	Heim 3 = 3 Auswärts
Heim 9 > 4 Auswärts	Heim 1 < 2 Auswärts
Heim 1 < 7 Auswärts	Heim 3 > 1 Auswärts
Heim 2 < 4 Auswärts	Heim 5 > 2 Auswärts
Heim 8 > 7 Auswärts	Heim 9 > 8 Auswärts
Heim 4 = 4 Auswärts	Heim 3 < 5 Auswärts

Lösungen

Zuschauerzahlen vergleichen (Seite 59)

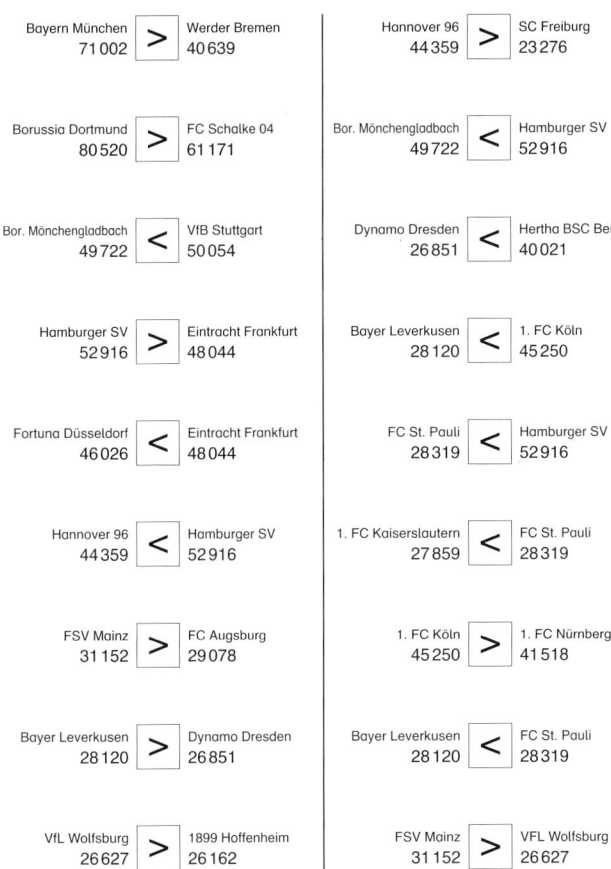

Spielertransfers (Seite 60)

① Einnahmen durch Verkauf:
62 100 + 13 000 = 75 100
Ausgaben durch Einkauf:
75 100 − 21 800 = 53 300
Antwort: Sie haben noch 53 300 Euro zur Verfügung.

② Ein Monat: 25 152 · 4 = 100 608
Drei Monate: 100 608 · 3 = 301 824
Antwort: In drei Monaten verdient er 301 824 Euro.

③ Rechnung: 120 100 + 90 300 + 140 700
        + 450 600 = 801 700
Antwort: Der Verein hat insgesamt 801 700 Euro ausgegeben.

④ Rechnung: 102 350 + 123 290 + 336 869
        + 378 751 = 941 260
        960 700 − 941 260 = 19 440
Antwort: Der Verein gibt insgesamt 941 260 Euro für die Spieler aus.
Es bleiben 19 440 Euro übrig.

Fußballrekorde (Seite 61)

① a) Platz 3, Platz 3, Platz 1, Platz 2
b) Platz 2, Platz 3, Platz 4, Platz 1
c) Platz 4, Platz 2, Platz 1, Platz 3

Rechnen und Ausmalen (Seite 62)

Der lange Weg zum Tor (Seite 63)

5 + 10 + 14 + 27 + 16 + 32 + 45 + 13 + 15 + 24 + 17 + 13 = 231
Der Ball legt insgesamt 231 Meter zurück.

Fußball-Europameister (Seite 64)

1. Deutschland, Spanien, Niederlande
2. Deutschland
3. 43
4. 54
5.

	Anzahl der Unentschieden bei Europameisterschaften
Italien	15
Spanien	11
Deutschland	10
Niederlande	8

6. 254

„Der Ball ist rund und das Spiel dauert 90 Minuten!" (Seite 65)

① a) Eine viertel Stunde sind 15 Minuten.
b) Eine halbe Stunde sind 30 Minuten.
c) Eine dreiviertel Stunde sind 45 Minuten.

Lösungen

② a) 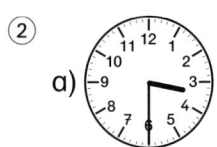 b) 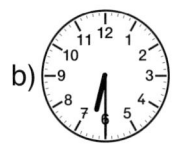 c)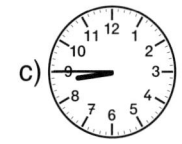

③ a) 16:30 Uhr, b) 17:10 Uhr, c) 16:40 Uhr

④ a) 16:15 Uhr, b) 22:00 Uhr, c) 17:15 Uhr, d) 14:45 Uhr

⑤ 19:00 Uhr

Die Lösungen zu den Aufgaben ③ bis ⑤ beziehen sich auf die Saison 2013/14.

③ München: 1860 München, FC Bayern
Hamburg: HSV, FC Sankt Pauli
Berlin: Hertha BSC Berlin, 1. FC Union Berlin
Frankfurt: Eintracht Frankfurt, FSV Frankfurt 1899

④ Nordrhein-Westfalen (9 Vereine)

⑤ Sachsen-Anhalt, Thüringen, Mecklenburg-Vorpommern

Bundesliga-Trivia (Seite 66)

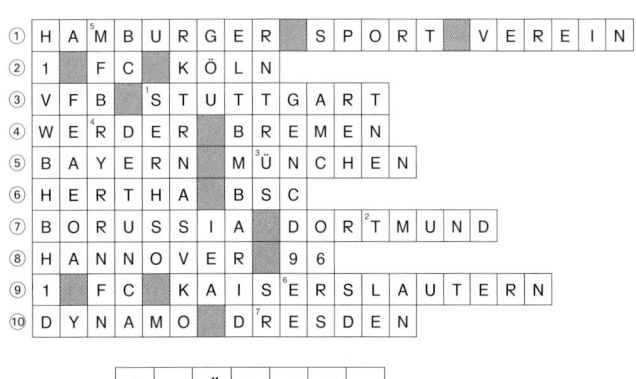

Lösungswort: S T Ü R M E R

Wo fand die WM statt? (1) (Seite 69)

Kontinent	Anzahl Weltmeisterschaften
Asien	1
Südamerika	4
Nordamerika	3
Afrika	1
Europa	10
Australien Ozeanien	0

Kontinent	Anzahl Weltmeistertitel
Asien	0
Südamerika	9
Nordamerika	0
Afrika	0
Europa	10
Australien Ozeanien	0

Woher kommen die Vereine? (Seite 67)

①

Lösungen

Wo fand die WM statt? (2) (Seite 70)

Die Nationalhymne von Deutschland (Seite 73)

① a) Joseph Haydn
   b) August Heinrich von Fallersleben

Football words (Seite 86)

W	T	B	N	P	O	R	W	T	F	G	V	U	M	N
P	F	O	O	T	B	A	L	L	B	H	J	I	K	L
P	B	F	D	E	T	R	E	S	D	G	H	I	G	C
O	K	M	V	G	F	R	T	S	H	J	P	L	M	H
J	P	B	I	B	E	C	G	O	A	L	Z	C	F	A
U	A	F	C	D	E	R	T	C	V	F	D	U	O	M
W	S	Y	T	I	K	O	L	C	M	H	B	N	M	P
M	S	G	O	I	K	G	H	E	Z	R	T	R	E	I
E	F	R	R	T	Z	G	C	R	B	G	D	R	T	O
H	G	B	Y	W	R	O	P	H	B	M	N	B	E	N
E	R	V	G	O	F	F	S	I	D	E	J	O	N	B
H	V	E	T	F	A	R	W	E	A	G	V	G	I	O
J	K	N	M	A	F	R	E	F	E	R	E	E	V	U
A	E	G	Z	U	B	H	K	L	M	N	B	H	U	Z
U	C	U	P	H	J	O	F	O	R	W	A	R	D	Y

Find the right picture ... (Seite 88)

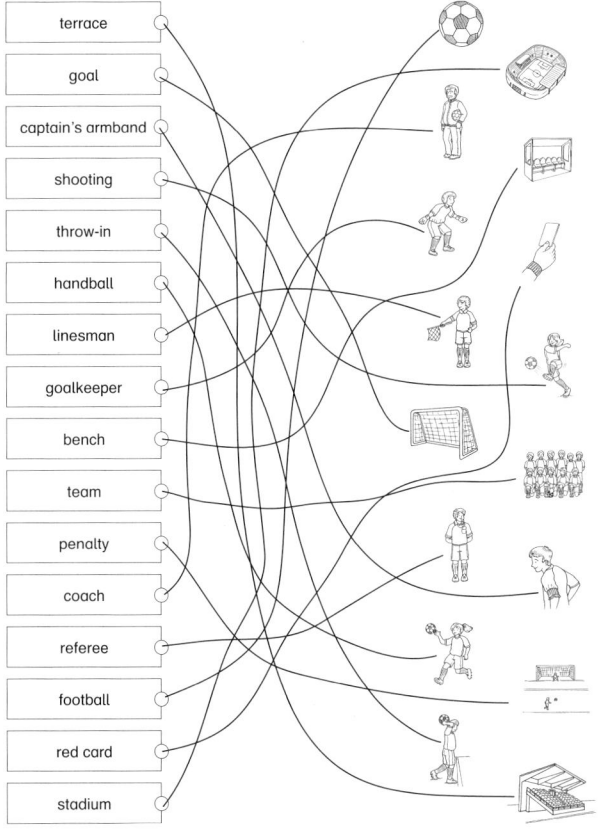

Lösungen

Fußballregeln (2) (Seite 93)

① Es zählt als Tor, wenn …
☐ der Ball die Linie zwischen den Pfosten berührt.
☒ der Ball die Linie zwischen den Pfosten im vollen Umfang überquert.

② Die zwei Mannschaften haben bei Spielbeginn immer …
☒ gleich viele Spieler auf dem Spielfeld.
☐ unterschiedlich viele Spieler auf dem Spielfeld.

③ Den Ball im Strafraum mit der Hand spielen darf …
☐ jeder Spieler.
☒ nur der Torwart.

④ Die Spielzeit beträgt …
☐ zwei mal 30 Minuten.
☒ zwei mal 45 Minuten.

⑤ Verwarnung und Platzverweis nennt man auch …
☒ gelbe Karte und rote Karte.
☐ Foul und Elfmeter.

⑥ Eckball gibt es …
☐ wenn die angreifende Mannschaft zuletzt den Ball berührt hat, bevor er ins Toraus ging.
☒ wenn die verteidigende Mannschaft zuletzt den Ball berührt hat, bevor er ins Toraus ging.

⑦ Abstoß gibt es …
☐ wenn die verteidigende Mannschaft zuletzt den Ball berührt hat, bevor er ins Toraus ging.
☒ wenn die angreifende Mannschaft zuletzt den Ball berührt hat, bevor er ins Toraus ging.

⑧ Wenn der Ball in vollem Umfang die Seitenauslinie überquert hat, bekommt die Mannschaft einen Einwurf, die …
☐ zuletzt den Ball berührt hat, bevor er ins Seitenaus ging.
☒ nicht zuletzt den Ball berührt hat, bevor er ins Seitenaus ging.

⑨ Wer den Münzwurf gewinnt,
☐ erhält den Anstoß zur ersten Halbzeit.
☒ darf die Platzhälfte wählen, auf der sie beginnt.
☐ hat zu Beginn der zweiten Halbzeit Anstoß.

Extra-Aufgabe zur Abseitsregel:

Ein angreifender Spieler steht im Abseits wenn im Moment der Ballabgabe höchstens ein gegnerischer Spieler (normalerweise der Torwart) näher zum eigenen Tor steht als der Spieler.

Text- und Bildquellenverzeichnis

Seite 50:
Franz_Beckenbauer_22-6-74, August 2009, licensed under the Creative Commons Attribution-Share Alike 3.0 Germany license. Bundesarchiv, Bild 183-N0622-0035 / CC-BY-SA [CC-BY-SA-3.0-de (http://creativecommons.org/licenses/by-sa/3.0/de/deed.en)], via Wikimedia Commons. http://commons.wikimedia.org/wiki/File:Franz_Beckenbauer_22-6-74.png

Franz Beckenbauer/Bambi-Verleihung, licensed under the Commons: Creative Commons Attribution-Share Alike 3.0 Unported License. Bundesarchiv_Bild_183-1990-1127-023,_Leipzig,_Bambi-Verleihung,_Franz_Beckenbauer, Wolfgang Kluge, 2010, Bundesarchiv Bild 183-1990-1127-023, [CC-BY-SA-3.0-de (http://creativecommons.org/licenses/by-sa/3.0/de/deed.en)], via Wikimedia Commons. http://commons.wikimedia.org/wiki/File:Franz_Beckenbauer_Bambi-Verleihung_%28cropped%29.jpg

Franz Beckenbauer/Portrait, DerFalkVonFreyburg (Eigenes Werk) [CC-BY-3.0 (http://creativecommons.org/licenses/by/3.0)], via Wikimedia Commons. http://commons.wikimedia.org/wiki/File:Beckenbauer_Close.jpg?uselang=de

Seite 73:
Deutsche Nationalhymne, http://upload.wikimedia.org/wikipedia/commons/thumb/c/c7/Nationalhymne_der_Bundesrepublik_Deutschland.svg/2000px-Nationalhymne_der_Bundesrepublik_Deutschland.svg.png Rechte: gemeinfrei

Seite 80:
Public Viewing auf dem Waterlooplatz zur Fußball-Europameisterschaft 2012, AxelHH, licensed under the Creative Commons Attribution 3.0 Unported license. http://commons.wikimedia.org/wiki/File:Public_Viewing_Hannover_Waterlooplatz_2012.jpg

Joachim Löw während einer Pressekonferenz im August 2006, Tomukas – Thomas Holbach, lizenziert unter der Creative Commons-Lizenz Namensnennung-Weitergabe unter gleichen Bedingungen 3.0 Unported. http://commons.wikimedia.org/wiki/File:Joachim_L%C3%B6w_2006.jpg?uselang=de

Match between Germany and Portugal during UEFA Euro, Илья Хохлов/Ilya Khokhlov/Ilja Chochłow 2012, licensed under the Creative Commons Attribution-Share Alike 3.0 Unported license. http://commons.wikimedia.org/wiki/File:Bastian_Schweinsteiger_20120609.jpg

Supporters of the german football club FC Schalke 04, Kilian Kissling, lizenziert unter der Creative Commons-Lizenz Namensnennung-Weitergabe unter gleichen Bedingungen 3.0 Deutschland. http://commons.wikimedia.org/wiki/File:Fans_auf_Schalke.jpg

Berliner Olympia-Stadion, Sir James, licensed under the Creative Commons Attribution-Share Alike 3.0 Unported license. http://commons.wikimedia.org/wiki/File:Berlin_Olympiastadion_during_footballmatch_hertha_bsc_berlin_vs_borussia_dortmund_02_20070421.jpg